王様でたどるイギリス史

國王、海盜與大不列顛的崛起

王室英國

歐洲中世紀研究專家 東大教授 池上俊一◎著
臺灣大學歷史系教授 楊肅献◎審訂 楊玉鳳◎譯

前言

大家對英國王室感興趣嗎？一定有很多人緊盯著在電視上出現的威廉王子、凱薩琳（凱特）王妃以及小喬治、小夏綠蒂的可愛身影。

其實在電視及雜誌等媒體上，英國王室非常受歡迎，很吸引觀眾與讀者。本國英國自不用說，舊大英帝國以及組成現在大英國協（共同體）*的人都有高度的興趣。

可是以日本為首，在地理、歷史上都與英國相距遙遠的各國中，如此受到注目與愛戴的王族，即便在如此廣大的世界中也找不出第二個。雍容華貴，而且既幽默又和藹可親，因此被愛戴可說是理所當然，但即便如此還是讓人覺得有些不可思議。

全世界之所以都對英國王室懷有敬意、喜愛與好奇心，最主要應該是因為英國國民以身作則。而英國國民所愛的，除了王子、王妃與其孩子，還有國王及女王。

＊註：由五十三個主權國家（包括屬地）所組成的國際組織，成員大多為前英國殖民地或者保護國。

例如在二〇一二年六月三日的倫敦，於慶祝女王伊莉莎白二世即位六〇週年一環的「泰晤士河慶典」中，即便下著傾盆大雨，還是有幾十萬人撐著傘、穿著雨靴，陸續走向有六、七〇艘船在舉辦祝賀儀式的泰晤士河，氣氛很熱鬧。長壽的伊莉莎白女王已經歷過好幾次同樣的情景了。

近年來，英國約有兩成的人想廢除王室制度，改為共和制，但似乎大半的英國人都想保留王室制度。這其中，女王應該有做了很大的努力。女王沒有因首相的問題或在政治上有所失敗，因此沒有報紙或其他媒體會認真地與這樣的女王敵對。

但是即便如此，女王的人氣也並非一直居高不墜。伊莉莎白女王在位期間曾發生過好幾次危機，最大的危機是在一九九七年，深受百姓擁戴的黛安娜前王妃，因車禍意外去世。女王與王室對待前王妃的冷淡態度，引發了國民的怒火。

女王很快就承認過錯，並向國民發表演說，稱讚黛安娜的溫柔以及對兩位王子的奉獻，並且說，即便沒見過黛安娜的人，也絕對不會忘記她。這份演說奏了效，加上王室不斷的努力，不僅是伊莉莎白女王，連深受責難查爾斯王子，也回復了人望，變成更受「國民喜愛的王室」。

邁入二〇世紀後，歐洲的王室都陸續被廢止或淪於形式化，但英國王室至今仍有極大的存在感，以及極高的人氣。之所以如此的原因，要看過歷經千百年來的「歷史」才會明瞭。在此的關鍵是，始終不變的傳統以及持續改變的適應力。

不過，對於日本人來說，若覺得對英國王室與英國這個國家比起其他諸國來得更有親近感，其原因之一可以舉出日本皇室與英國王室間有著長久往來的親密關係。明治以後，尤其是締結了英日同盟（一九〇二年）後，英王室、日本皇室變得非常親密，不僅會互相訪問、參加儀式，日本的皇室中也有許多人去英國留學。

此外，還有另一項理由是讓日本感到跟英國很親近的，亦即同樣抱有「同是小島國，卻作為先進國領先世界」的驕傲，而且對日本來說，在這點上，英國是不容錯過的最佳範本。這可以追溯到明治時代。從江戶進入明治後，政府躍躍欲試地想邁向近代化，此時，作為政治體制與教育制度模範的，英國是首選。

明治的知識分子認為，應該在日本實行兩院制的議會政治與立憲政治一類政治體制，所以去視察了英國的議會、讀了相關的專門書籍，並且寫了傳播這些知識的文章。在經濟面與社會公共建設，也就是鐵道、地下鐵的整備等，也是以英國為模範。為了能直接接受近代知識與技術，還到各國以「聘用外國人」的名義招攬專家前來日本，而人數最多的就是英國人。

有為的日本年輕人們，並沒有乾等著歐洲人來到日本。他們為了求取世界上的知識，前往外國成為留學生，尤其是英國各地（牛津、劍橋、格拉斯哥）。總之，英國對日本明治以後的富國強兵政策最具影響力，成為日本工業、教育、軍事上的模仿對象。

如上所述，英國與日本關係匪淺，在本書中，會依據英國主要國王的事蹟，詳述英國從古代末期到現代的政治・國家組織、社會狀態，以及庶民的生活文化等。

不過，要從哪裡開始講起「英國的王室」呢？或許大家印象比較深刻的是，一〇六六年統治法國諾曼第地方的公爵威廉，他入侵英國即位為英格蘭國王威廉一世，透過「諾曼征服英格蘭」而建立起強大的王權。

但也有一說是，現在王室的「血統」是繼承更早幾百年前的威塞克斯王族的血脈，而且若考量到社會與政治的組織結構，就一定會接觸到盎格魯撒克遜時代與其國王們的事蹟，因此在第1章中，也會談到諾曼征服英格蘭以前的盎格魯撒克遜時代。

還有一點希望大家注意，那就是「英國」這個詞的模糊性。現在的「英國」這個國家，正式名稱是「大不列顛暨北愛爾蘭聯合王國」，是由英格蘭、威爾斯、蘇格蘭以及北愛爾蘭四個在歷史、民族組成上都不同的「國家」所構成。而且威爾斯、蘇格蘭、（北）愛爾蘭與英格蘭合併的時間以及方式都不同，與國王間的關係也各不相同，其實非常複雜。

本書會以有八四％人口，可以說是多數派的英格蘭為主來探尋歷史，但我們也會關注並敘述其他三個地方不同的個性，以及為了與英國合併成一國所經歷的苦難與付出的努力。

在英國複雜的歷史中，政治制度的發展看起來很順利。就世界史的觀點來看，解明君主立憲制是如何打造出安定的政治體制，以及是如何展開此制度，也非常重要。

英國是議會制民主主義的祖國，包含日本在內，也是全世界很快實現政治近代化的國家。可是即便如此，英國長時間擁有乍看之下與民主主義不相容的王制，現在仍是以國王為君主的王國。本書的目標就是詳述在這樣的憲政體制下，王族如何成為不可或缺的存在。

本書還有另一個目標，就是解明一般英國人在歷史中形塑而成的生活及心理狀態。

國王與一般庶民乍看之下相距甚遠，實際上，這一面也很廣泛，而要探尋國王的歷史，我認為不外乎就是要去探尋英國國民的歷史。

英國傳統是貴族‧階級社會，就算現在是民主社會，像這樣身分社會的餘韻，仍一直作為一種成規及感覺殘存著。王室自不用說，現在仍位在貴族階級的頂點，既是貴族階級損益與活動的模範，也是代表。

可是頗具深味的是，考察英國的國民性時，我們可以發現，無關乎這樣的階級性，對於做為菁英統帥全國的國王與其周遭人士來說，他們會以更尖銳的形式表現出與一般民眾相同的性情。不單如此，他們以身作則推廣到庶民圈的事情與性情其實有很多。

而且國王總是對一般民眾的動向與傳言很敏感。尤其到了近代，公眾媒體很發達，一旦輿論這要素決定了政治動向，相較於遙遠又神秘化的存在，國王更是以好家人的形象廣為人知，王室本身似乎也在努力逐漸變得庶民化。王室在成為諷刺畫之前，會先成為庶民習俗與性情的象徵。

所以本書中，不只追溯以國王為主的政治史、制度史流變，亦意圖透過代表現今英國人的國王，展現出英國歷史中的流變文化與心性特徵。

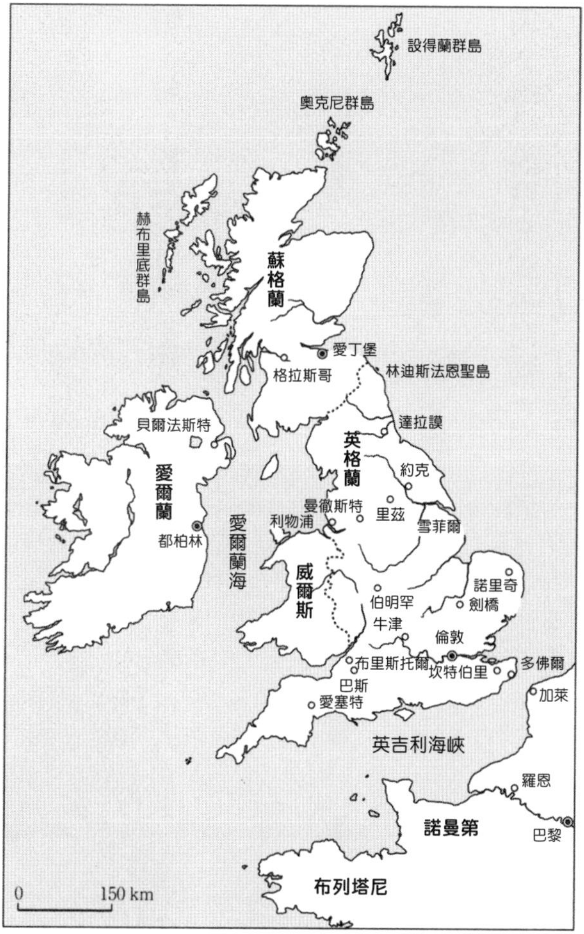

〔修改自近藤和彥，《英國史10講》（イギリス史10講）岩波新書，2013年〕

目錄

第1章

紛擾混亂的王國

從盎格魯撒克遜諸王到聖愛德華王

——西元400左右～1066年——

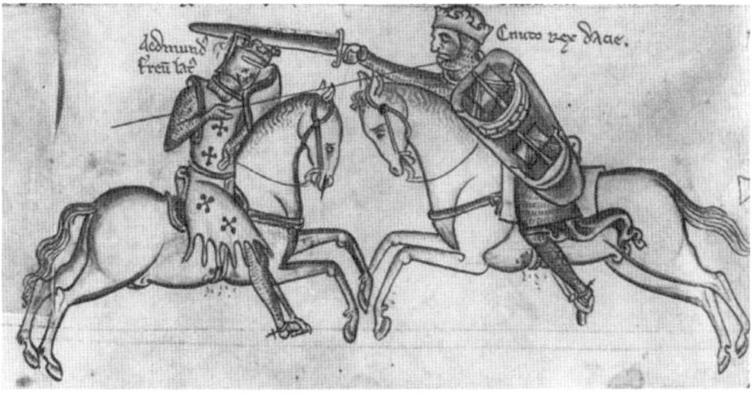

克努特（右）與愛德蒙，1016年在迪赫特的一對一廝殺

羅馬人撤退

接下來我們要以國王為主來談英國史，但因為前述的原因，所以就從盎格魯撒克遜時代開始。在這個時代中，英格蘭各地都有王國割據，而且考量到英國的語言、文化、社會、宗教等，中世紀前期的時代就顯得頗為重要。

自太古時代起，英國（不列顛群島）就有人居住。此外在西元前二二〇〇年左右～一九〇〇年左右，加入了被稱為貝爾陶器人的戰士，他們因留有保存到現在的巨石紀念物（巨石陣）而廣為人知。

青銅器時代末期，進入西元前七世紀後，凱爾特人從大陸渡來，在這時代來到英國的古凱爾特人被稱為「不列顛人」。那時，不列顛人約分有三〇個部族。

在接下來的鐵器時代，戰爭頻繁，因此人們建立了許多山丘上的要塞。大半住民都是農民，但也有會製作美麗工藝品的靈巧工匠。

西元前五五年與五四年，羅馬的凱薩侵略了不列顛島，打敗了凱爾特人，但突然發生了必須回到羅馬帝國行省高盧的事件，羅馬軍於是提出以繳納年貢為條件而撤兵。

可是西元四三年，克勞狄皇帝時期，羅馬軍再度於英格蘭東南方登陸，在各地展開了占優勢的戰爭，征服了凱爾特人，統領自亨伯河到塞文河口一帶。羅馬人在倫敦、約克、巴斯、艾希特、林肯、萊斯特、格洛斯特、曼徹斯特等地，打造留存到現在的都市基礎、道路建設，同時也是他們導入了法律。關於英國史，不得不說，留下了頗為龐大的羅馬遺產。

西元一二二～一三二年，皇帝哈得良在自己支配所及以及未支配之處的界線，也就是現在的蘇格蘭與英格蘭之間築起了長城。可是在三世紀中左右，羅馬衰退，也放鬆了對不列顛島的統治。四世紀後半葉，凱爾特人與蘇格蘭人從蘇格蘭南下，而薩克遜人也從大陸進入。四一〇年，西羅馬皇帝霍諾留（Flavius Honorius Augustus）沒有多餘心力可以派遣新的軍隊，於是命令不列顛各城市進行自主防禦。事實上，羅馬已終止了對不列顛島的統治。

在這種無政府狀態下，分成不同部族的不列顛人開始了紛爭。在這過程中，他們各自向北方的日耳曼人求助，於是五～六世紀從現在的德國、南丹麥等地，屬於日耳曼人一派的盎格魯人、撒克遜人、朱特人等紛紛到來。

即便內戰結束了，日耳曼人也沒離去，而是擅自建立起統治權。他們將凱爾特人趕到威爾斯與康瓦爾地區，建立起自己的王國。除了有肯特（朱特人）、艾塞克斯、索塞克斯、威塞克斯（撒克遜人），更北方的則有東盎格利亞、麥西亞、諾森布里亞（盎格魯人）。這些就是所謂的「七王國」（Heptarchy）（圖1-1），在七世紀初～九世紀中葉統治了不列顛島。此外，從不列顛島的長城往北，有蘇格蘭人自愛爾蘭島前來，建立了王國。

七王國時代

七王國中，肯特王國最早成立，約在五世紀中葉。這個國家在與威塞克斯、艾塞克斯等爭鬥中獲得勝利，尤其是艾塞爾伯特王（Æthelberht，五六〇／五八五～六一六年在位）時，拓展了對他國的掌控。一般認為，肯特之所以能國運昌隆是因為占據了有經濟優勢的地方，是延續著羅馬時代的基礎而來。艾塞爾伯特王改信了基督教，也編纂了首部的法典。

此外，一部分的盎格魯人奪取不列顛人的土地，以約克為中心定居，在六世紀半葉，建立了德伊勒王國。在東英格蘭，直至六世紀末都是被盎格魯人與撒克遜人統治著。東盎格利亞是建立在英格蘭最東邊的國家。雷德沃爾德（Raedwald）是該王國初期的重要國王。七世紀初，這位雷德沃爾德王與出身提伊拉的亡命之徒埃德溫（Edwin）兩者的聯軍與伯尼西亞（德伊勒王國北邊，從現在的達拉謨郡到福斯河的地域為其版圖）軍的埃塞爾弗里思交戰，這場戰爭由前者取得勝利。曾是亡命之徒的埃德溫可喜可賀地回到了德伊勒，統合了伯尼西亞與德伊勒，建立起諾森布里亞王國，他自己則成了國王。

可是，埃德溫因感念雷德沃爾德的恩德，讓雷德沃爾德統治了諾森布里亞王國，並成為盎格魯撒克遜人王國的盟主。他死後，霸權轉移給了埃德溫。西元六二五年，埃德溫與肯特結盟，同時通過麥西亞南下，制伏了威塞克斯，更擴大了統治的領域，成了霸主。

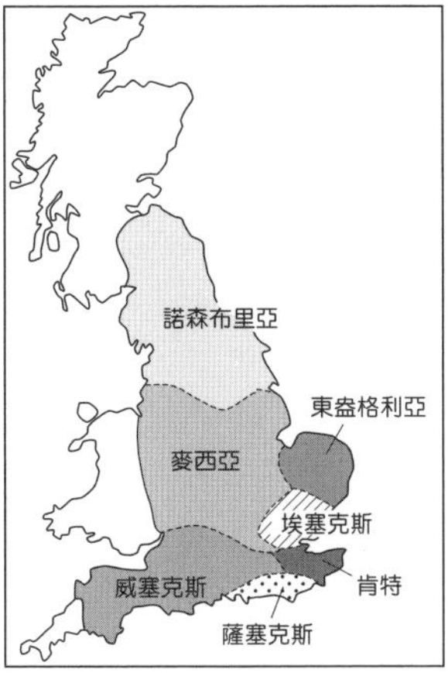

圖1-1　8世紀左右的七王國

當時，與威爾斯接壤的內陸麥西亞王國在彭達王（Penda）治下奮發圖強。不僅勝過了東盎格利亞王國，還於六三三年在哈特菲爾德切斯與諾森布里亞發生衝突，大勝而還，埃德溫戰死在這場戰役中。戰敗的諾森布里亞之後歷經過好幾次的分裂危機，但都一一克服而復活了。奧斯威王（Oswiu，六四二～六七〇年在位）打敗了麥西亞的彭達，成了七王國的霸者，該國在七世紀末～八世紀前半進入全盛期。

但是從這時起，麥西亞再次抬頭。埃塞爾博爾德王（Æþelbald，七一六～七五七年在位）徹底執行對教會與居民的課稅，雖增強了國力，但他之後被暗殺，國家於是陷入內亂狀態。

然後，奧法（Offa，七五七～七九六年在位）於七五七年繼任麥西亞王。眾所周知，他是位偉大的國王，收了包括周邊的小國與埃塞克斯，也壓制住了肯特、薩塞克斯、東盎格利亞等地，擴大了領土，掌握住了亨伯河以南的全區。此外，奧法不單只是戰士團的首領，同時也成了真正的統治者。可是奧法於七九六年亡故，埃格伯特（Ecgberht，八〇二～八三九年在位）繼任為威塞克斯王後，麥西亞就有點被壓制了。北方強國諾森布里亞與威塞克斯王國也承認了埃格伯特的宗主權。

於是，在「七王國」時代中，霸權就這樣輪番交替著，沒有任何一個國家可以統治英格蘭全體。就政治上來說，各國都有王政，但政治方針實際上是由構成賢人會議（Witan）的地方豪族來決定。賢人會議並非英國議會的直接先祖。理論上，全自由民都有出席權（事實上是貴族議會體），形式上也有權選任或廢除國王、協議立法、司法、外交，以及任命主教與州長官。

此外還有很重要的一點是，在盎格魯撒克遜時代有現在「英語」的本源。英語是在十一世紀諾曼征服英格蘭後，受到法文深刻的影響而形成，但其基礎是盎格魯撒克遜語。八～九世紀，《貝奧武夫》（*Beowulf*）這部英雄史詩，就是用古英語寫成。

丹麥日耳曼人的侵略與阿佛烈大帝

丹麥日耳曼人（維京人）好幾次都從斯堪地那維亞半島侵襲英國。最初是七八九年，搭乘三艘船從多塞特海岸前來。之後每年都有二〇～三〇艘左右的船會載著士兵入侵，八五一年時更有三五〇艘船隻載滿了士兵來襲。八六五年，則有更大艘的船隊襲來。麥西亞在最前線努力防禦，其奮戰卻是徒勞，而諾森布里亞、東盎格利亞的軍隊也被擊潰。

丹麥日耳曼人只將方針從侵略改成了征服，就將諾森布里亞、東盎格利亞收歸統治，而且還將手伸向了威塞克斯。而勇敢對抗他們的，就是威塞克斯的偉大國王阿佛烈

大帝（八七一～八九九年在位）

阿佛烈大帝繼三位王兄之後，於八七一年，以二十二歲年輕之姿當上國王，他一看到戰況不利，馬上就與丹麥日耳曼人談判，付出求取和平的金錢，讓他們從威塞克斯撤退。在丹麥日耳曼人到處破壞他國期間，他則盡力復原荒蕪的本國。

他在八七八年的愛丁頓戰役中，打敗丹麥日耳曼人，於八八六年與丹麥王加思拉姆（**King Guthrum**）簽訂協定，承認將倫敦到切斯特一帶惠特靈大道以北之地交給丹麥日耳曼人，以南則歸自己所有。這麼一來，就形成了丹麥日耳曼人所居住的丹麥區（以諾森布里亞南部、東盎格利亞、麥西亞為主）。接著，八九三年，阿佛烈大帝讓諾森布里亞屈服，成為名義上全英格蘭的國王。

我們再多看一些阿佛烈大帝的其他事蹟。他除了致力於防衛王國而建造艦隊，同時還編纂了《阿佛烈法典》（*The Laws of Alfred*），對教育與教會改革也盡心盡力。此外，他為了復興文化，從國內外招攬許多優秀學者，創立宮廷學校，也將重要的拉丁文著作翻成英文。因此他可說是一位偉人，因為他率先統整了英國的法制、行政機構以及教會制度，穩固了將來統一的英格蘭的基礎。

八九九年，阿佛烈亡故，其子長者愛德華（Edward the Elder，八九九～九二四年在位）繼位。愛德華之子艾塞斯坦（Athelstan，九二四～九三九年在位）奪回了丹麥區。之後，艾塞斯坦的姪子和平者埃德加（Edgar，九五九～七五年在位）登基，實質性地統一了英格蘭。艾塞斯坦自稱為「英格蘭人的國王」也是一種象徵。

他發展了從祖父阿佛烈王開始的州制，整頓下層單位的郡（百戶邑），以及其下的十人組（十家區）這類地方統治體制。州長官（郡長）對國王負有關於州行政的責任，但一開始，中央的監督非常鬆散。

克努特的北海帝國

可是丹麥日耳曼人並沒有因此停止侵略。埃塞爾雷德二世（Æthelred II，九七八～一〇一六年在位）虐殺了丹麥日耳曼人，引發丹麥國王斯韋恩（Svend Tveskæg）的怒火，使他顯露敵意，於一〇一三年自北邊揮軍往南。斯韋恩王的戰果很輝煌，有「決策無方者」名號之稱的埃塞爾雷德二世不得不付出鉅額銀幣以換取和平，可是斯韋恩王卻於一〇一四年突然身故。

一〇一五年，斯韋恩的兒子克努特（Canute，一〇一六～一〇三五年即位為英格蘭王，也是丹麥與挪威國王、什列斯威與波美拉尼亞的領主）南進，統治了南英格蘭，與埃塞爾雷德二世的兒子愛德蒙（Edmund）相爭，支持的民眾也分成兩派（參考本章章名頁）。兩者和解後，克努特負責治理北部、中部，愛德蒙則負責南部，但愛德蒙於一〇一六年亡故後，克努特就成為全英格蘭的統治者，英格蘭被納入北海帝國的領土中。他廣施善政，使英格蘭全體迎來了繁榮。

克努特死後，引發了繼承戰。但一〇四二年，在克努特兩個兒子之後，撒克遜人的聖愛德華（Edward the Confessor，一〇四二～一〇六六年在位）被賢人會議推舉為英格蘭王，在他的統治下，商業也很繁榮。他的父親是盎格魯撒克遜王室的埃塞爾雷德二世，母親為統領法國西北部諾曼第公爵理查一世（Richard I）的女兒愛瑪（Emma），因此指名諾曼第公爵威廉一世（Guillaume）為後繼者。

但是愛德華死後，強大的威塞克斯伯爵哈羅德（Harold），獲得賢人會議的同意，被加冕為王，這就是造成之後「諾曼征服英格蘭」的原因。

蘇格蘭的阿爾巴王國

但是，阿佛烈大帝的手並未觸及蘇格蘭，那麼中世紀初期的蘇格蘭又如何呢？

蘇格蘭人的祖先有兩支，一是來自愛爾蘭的凱爾特人，他們為了求取白銀，自四～五世紀移居來此，並一併帶來了基督教。此時，皮克特人也從蘇格蘭西海岸被趕到東邊，而他們也是蘇格蘭人的祖先。眾所皆知，皮克特人在蘇格蘭東部所建立的國家就是阿爾巴王國。

進入七九〇年代，丹麥的諾曼人也襲擊了蘇格蘭。之後，諾曼人在蘇格蘭建立起以挪威王為宗主的伯爵領地。到了九世紀，蘇格蘭西部達爾里阿達王國的肯尼思一世（Kenneth MacAlpin）合併了東邊的阿爾巴王國，帶來政治上的統一。不僅如此，從八八〇年左右起到一〇世紀末，政權還擴大到南方。

而十一世紀前半期鄧肯一世（Duncan I，一〇三四～一〇四〇年在位）繼承了不列顛人的斯特拉斯克萊德王國的王位，但因其祖父之死，他將蘇格蘭、皮克特、盎格魯諸侯統合成一個大蘇格蘭聯合王國，亦即獲得了幾乎與現在蘇格蘭一樣的領地。

一〇三九年，他侵略英格蘭北部的達拉謨失敗，隔年即被其表弟馬克白的手下殺害。此外，在莎士比亞的戲劇《馬克白》中，描寫有鄧肯王在睡覺時被馬克白以短劍刺殺的場景。

聖奧古斯丁傳教士與凱爾特系修道院的任務

在此，我們來看一下基督教與其教會，這兩者屢次在英國政治史、國制史扮演決定性的角色，且也與國王有莫大的關係。其起源正是在本章所談到的盎格魯撒克遜時代。英國，或者說是不列顛群島是在二世紀末以從由羅馬傳來了基督教。首先是傳給凱爾特人（不列顛人），之後在三一三年，羅馬帝國承認基督教之後，便漸漸傳播開來。但是入侵不列顛的盎格魯撒克遜人卻信仰異教。

從六世紀末開始的「七王國」時代，盎格魯撒克遜人之所以改信基督教，是因為羅馬教廷的努力。亦即，五九七年，教宗額我略一世（Gregorius I）派修道士聖奧古斯丁（Saint Augustine），帶領傳教團到肯特王國布道，艾塞爾伯特王與其多數臣下都改了宗。其影響所及，就是他的姪子東撒克遜人的賽爾伯特王、東盎格利亞的雷德沃爾德（Rædwald）也改宗，諾森布里亞的國王與貴族也在六二七年接受洗禮。聖奧古斯丁在坎特伯里（Canterbury）設置大主教教座一事也很重要。

接著，教宗何諾一世（Honorius I）讓西撒克遜人改宗，也持續在麥西亞進行布教活動。最後改宗的是索塞克斯（Sussex），時間是六八〇年。這麼一來，到了七世紀末，七王國全都改信了基督教。可是基督教的傳布並非一直都很順利，也是有重信回其他宗教的例子。

不只是對國王與貴族，包含對一般民眾的正式傳道，修道院的活動都很有效。來自愛爾蘭的聖博德（St. Patrick）、聖高隆（Saint Columba）、聖艾丹（Saint Aidan）的活躍充分發揮了功用。聖艾丹在林迪斯法恩聖島（Lindisfarne）創建的林迪斯法恩修道院是修道院中最有名的。在七王國中，各修道院的增加步調都不一樣，即便如此，七世紀後半～八世紀也確實都有增加。

為了解決適合於部族風土民情的愛爾蘭系（凱爾特系）基督教，與受羅馬法影響、遵守嚴格等級制度（上下關係）的羅馬系基督教兩者間差異，六六四年，在約克郡惠特比舉辦了教會會議，而羅馬系基督教獲得了勝利。同時直到八世紀前半，才在全英格蘭確立主教區，修道院也才在全國發展開來。

可是到了九世紀，丹麥日耳曼人再度入侵，基督教文化受到破壞，一〇世紀末，又受到了丹麥日耳曼人的第二次入侵而蒙受打擊。即便如此，一〇一六年，丹麥日耳曼人的國王克努特即位，成為基督教國王，基督教文化瞬間有所進展。他受到沃爾夫斯坦（Wulfstan）很大的影響，沃爾夫斯坦在一〇〇二～一〇二三年於約克郡擔任大主教。克努特在一〇二七年訪問羅馬，也制訂了要繳納給羅馬的「彼得獻金」（土地持有者繳納給羅馬教廷每人一便士*的稅）。

圖1-2　位於倫敦的西敏寺

接著來到聖愛德華王的時代後，發展出將許多財產給予教會的情況。愛德華廣為人知的就是修建西敏寺以做為國王的墓地（圖1-2）。實際上，很多位國王都長眠於此，而且一直到現代，歷代英國國王也都是在西敏寺舉行加冕儀式。

*註：便士是英鎊的輔幣中的最小幣值，一百便士為一英鎊。

第 2 章

說法文的「帝國」國王們

從威廉1世到約翰無地王

——西元1066～1216年——

簽訂《大憲章》的無地王

諾曼征服英格蘭

事實上，威塞克斯王室最後的英格蘭王聖愛德華於一〇六六年一月去世後，賢人會議就以威塞克斯伯爵，同時也與克努特有姻親關係的哈羅德（Harold）為王，他在西敏寺接受加冕。

可是諾曼第公爵威廉不承認哈羅德為國王，一〇六六年，派遣七五〇艘船，搭載了一萬二〇〇〇名士兵以及許多馬匹浪海而來，在東索塞克斯登陸。盎格魯撒克遜的軍隊以步兵為主，沒有正規的甲冑，只以長槍與斧頭為武裝，與之相對，諾曼第軍隊有騎士，身上穿有堅挺的防具盔甲，以長槍、劍、錘矛為武器戰鬥，而且還有弓箭手。同年十月，哈羅德在黑斯廷斯之戰中被射穿了眼睛，諾曼第軍最終獲得了勝利（圖2-1）。賢人會議不情願地推舉了威廉為王。威廉加冕後建立諾曼王朝，被稱為征服者威廉（一〇六六～八七年）。這是諾曼第人征服了英格蘭，也就是所謂的「諾曼征服英格蘭」。

威廉即便成了國王，統治上卻不安穩。之所以會這樣，是因為他只有數千名部下，卻要統治英格蘭全境約二〇〇萬人，而且撒克遜人視他為「來自大陸的可恨侵略者」，很討厭他。

圖2-1　刺繡畫《貝葉掛毯》中所描繪的，宣誓臣服的哈羅德（中央）與威廉

甚至丹麥王也主張自己有權繼承英格蘭王位。北英格蘭、肯特、麥西亞、諾森布里亞、東盎格利亞等各地也有諸侯叛亂，丹麥王與蘇格蘭王呼應這些諸侯，策謀派遣遠征軍等。

對威廉王有利的是，他有羅馬教宗、約克郡大主教、伍斯特（Worcester）主教、倫敦主教以及其他修道院院長等高位聖職者的支持。一〇七〇年左右，威廉與丹麥的斯文二世（Sweyn II）締結條約，並殘酷制伏不斷叛亂的撒克遜人，沒收其所有領地。

這麼一來，英格蘭終於安定了，但大陸的諾曼第情勢卻惡化了。法王菲利普一世（Louis Philippe I）與法蘭德斯（Flanders）伯爵、安茹

（Anjou）伯爵合作，同時將蘇格蘭也捲了進來（也是諾曼第公爵），一起對抗威廉，威廉逐漸被逼入窘境。更糟糕的是，一〇七八年，威廉的長子羅貝爾（Robert）為占有諾曼第以及曼恩（Maine）地方，反叛其父，雖在其母瑪蒂爾達（Matilda）王后的努力下，父子雖達成和解，但在瑪蒂爾達於一〇八三年去後世又再度叛離。

一〇八七年，法王菲利普一世入侵諾曼第東部，威廉在那場戰爭中受傷，死於諾曼第勒昂（Leuhan）的近郊。他在臨終前原諒了長子羅貝爾，讓羅貝爾繼承諾曼第，讓第三個兒子威廉成為英格蘭王，給予么兒亨利五〇〇〇英鎊的現金（次子理查在一場狩獵意外中死亡）。

威廉的功業有後面章會提到的，編寫《末日審判書》（*Domesday Book*）（土地調查清冊）以及樹立集權式的封建制度，但就憲政這點來看，較重要的幾項事項是：繼承盎格魯撒克遜時代的賢人會議、承認主要封臣成立的「評議會」，以及開始用選舉來選出國王的傳統。這是在遵守「聖愛德華之法」誓言的同時，也要求臣民忠誠。不過當然，只有國王與宮廷官吏所在的國王宮廷（大諮議會）*，才獨占有執行機能。

---

*註：英國古時的國會。

還有一點不能忘記，就是這個諾曼第朝時期的英國在歐洲大陸（法國）也擁有領土，是一個中間夾著英吉利海峽的王國。因此，諾曼第朝的英王在法國也擁有土地，而且更盤算著想擴張到布列塔尼（Bretagne）、亞奎丹（Aquitaine）等法國最西邊。

諾曼征服英格蘭後，政界與上流社會就開始使用法文作為英國的通用語。這種情況一直持續到一三六二年為止。但是英文當然還是做為一般百姓使用的語言而留了下來，而當時的英文（盎格魯撒克遜語和挪威諸語言的混合）混合了法文以及拉丁文後，就漸漸成了近代英文。

集權式封建制度的滲透

那麼，滲透進英國的中央集權式封建制度又是怎麼開始的呢？

諾曼第王朝第一位國王征服者威廉的地位，在先前已說過，當初別說是安定了，各地都有諸侯叛亂，非常辛苦。他不僅要平定叛亂、勇往直前地與圍繞著諾曼第的法王以及盤據大陸的諸侯鬥爭，還要為了征服後國內的安定統一而致力於建立制度。於是他以國王宮廷為主的統治機構整備一起，施行了從大陸帶來的封建制度。

幾乎所有撒克遜貴族都對威廉武力相向卻敗北，威廉從他們手中奪取了土地，確保、擴大了王國的領地（整體的五分之一），不僅如此，還將邊境的廣大土地分對予一〇名非王族卻是心腹的大貴族，讓他們在那裡築城，以防備外部的反叛。剩餘的土地則給予約一八〇名的諾曼貴族。而授與土地的回報，就是貴族們要擔負從軍義務、擔任國王騎士軍的軍役勞務。

這種雙向義務的主從關係就是「封建制」。成為附屬的人，要應國王的要求，設定按各自領地被徵收五hide（中世紀初期以來的土地保有、評價單位。原是支持自由農民一家族生活的所有耕作地與共同地用益權的總體）單位的武士（騎士）采邑數，提供軍役勞動。平時是四〇天，戰時是六〇天。這樣的武士數量總數有五〇〇以上。這麼一來，國王就可以讓全部封建貴族起誓成為直接效忠的封臣（其中最有權勢的直屬封臣就是男爵），讓他們去承擔行國家防衛。

這在為封建式分裂而苦的法國與德國是做不到的，真是一口氣實現強力王政的高超技術。國王給予貴族的封土故意四散各地，這也是有意防止貴族們團結起來反抗國王。

國王給予領主部分象徵王權（國王大權）的權利，讓他們在領地內分擔司法、行政、軍事，可是一旦封建領主間有了糾紛，郡法庭或是國王法庭會作為上級法庭進行裁決，所以不會動搖到國王的優勢地位。

《末日審判書》

征服者威廉於一〇八五年的聖誕節，在格洛斯特展開了會議，決定要調查掌握全英格蘭貴族領地的實況與經濟，為此，他從中央派遣調查委員進行全國性的土地丈量，其結果就是寫成了眾所周知的《末日審判書》。這是以徵稅利用為目的而展開，同時也期望能掌握住集權式封建制社會經濟的基礎，也就是散布在全國的封建諸侯、家臣資產。

《末日審判書》中記載了超過五〇〇〇筆封建領主的領地以及房產，但驚人的是，就連土地建物的數量、水道、家畜數甚至家族結構都記錄了下來，就全歐洲來說，這實在是非常前驅的嘗試（圖2-2）。

從諾曼第王朝到之後的金雀花王朝國王，都透過了國王裁判權，掌握住地方貴族們，握有接近專制的權力。換句話說，就是晉升信賴的人，提高自己的權威、推翻地方法庭的裁判結果、巡迴法官自由任命與解任州長官……等，以此壓抑諸侯、貴族們的力量。

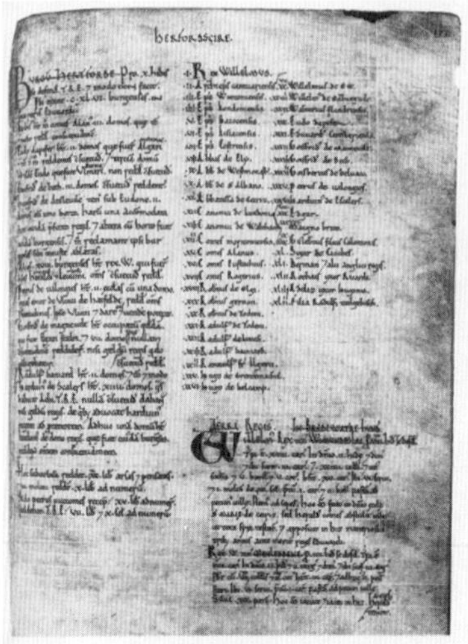

圖2-2　《末日審判書》寫本的一頁

威廉一世去世後，其子紅臉威廉（一〇八七～一一〇〇年在位），或許是因其紅臉或是蓄著紅色的鬍子而有此綽號）無視其兄諾曼第公爵羅貝爾，登上了王位。可是當時的編年史指出，他並不虔誠、很粗野，所以沒什麼人望。

男爵（國王直屬家臣中有權勢者，為國王評議會的成員）們，於一〇八八年發起叛亂，想擁立羅貝爾，可是卻失敗了。之後，威廉二世在狩獵途中死亡，征服者威廉的四子亨利一世（一一〇〇～一一三五年在位）於是繼任王位。

亨利一世的治績

亨利一世很勤勉，他接受大主教蘭弗朗克（Lanfranc）的教誨，廢止了其兄長時代的惡習。他遵守征服者威廉加在聖愛德華之法上的法律，也平等對待盎格魯撒克遜人。

亨利一世還迎娶繼承盎格魯撒克遜王家血脈的蘇格蘭王馬爾科姆（Malcolm）的女兒瑪蒂爾達（Matilda）為后。他不以私情來選用輔佐人才，而是適才適所，選用索爾茲伯里（Salisbury）主教羅哲（Roger）擔任相當於宰相的尚書部長官。亨利借助其力確立了威廉一世導入的封建制度以及中央集權體制。

亨利一世在行政上也很有功績，賦予各郡長官徵收租稅的權力與審判權，這可說是民事裁判的基礎。他同時規定各郡長官每年兩次，在復活節與米迦勒節*時，要前往王宮報告帳目。

此外，國王因主張有任命主教權而與教宗有紛爭（聖職敘任權鬥爭），妥協的折衷方法，就是「任命權歸教宗，而主教則必須將國王視作直接的君主獻上忠誠」。這或許可以說就是在將來十六世紀時，成為告別羅馬教宗、進行宗教改革的決定性第一步。

亨利一世雖有如此卓越的功績，卻仍避免不了內部鬥爭。從諾曼第王朝開始到約五〇〇年後的都鐸王朝末期為止，王冠爭奪戰都未曾止息過。

首先是長兄羅貝爾從十字軍回來，見到弟弟繼任了英格蘭王位後大為憤怒。因此在

---

*註：為天使長聖米迦勒的慶日，時間約為九月底。

一一〇一年七月，羅貝爾率軍隊在朴次茅斯（Portsmouth）登陸，但在坦什布賴戰役上被亨利所敗並被俘虜，於威爾斯的卡地夫（Cardiff）渡過了二十八年，被幽禁至死。

史蒂芬VS瑪蒂爾達

可是在亨利一世的後任，爭端仍持續不斷。亨利沒有繼承的兒子，他對男爵們留下「將我的女兒瑪蒂爾達（雖嫁給了神聖羅馬帝國的皇帝亨利五世，卻被叫了回來）迎回來作女王吧」這句遺言後去世。但男爵們不要女性為王，所以支持威廉一世的外孫，也就是亨利的外甥史蒂芬（Stephen，一一三五～一一五四年在位）。

史蒂芬本是布洛涅伯爵，從法國渡海而來，獲得了有力者們的支持，於一一三五年進行加冕。因此與瑪蒂爾達發生內戰，一直到一一五四年為止，持續了近二〇年。之後史蒂芬約定讓瑪蒂爾達的兒子亨利成為自己的繼承人，才終於結束了戰爭。那位亨利就是亨利二世。

那麼在此希望大家先知道一件令人難以置信的事——英國人很好戰，他們會不斷發動戰爭，與現代「喜歡園藝的英國紳士」形象是相反的，尤以國王為首的貴族們最為顯著，早從那個時代起就有此鮮明的特色。

其原因受有多方面的影響，像是從七王國時代開始，不論哪位國王都有內憂外患的問題，所以形成「憑武力搶奪王位」的傳統；國王與其對立者的背後有許多相互競爭的貴族在操控著；英王比較偏世俗性，沒有像法王或是神聖羅馬帝國的皇帝那樣，有至高的神聖性而且與權威間有相互的關聯。

安茹帝國

亨利二世（一一五四～一一八九年在位）依循著史蒂芬與瑪蒂爾達的約定即位以後，一直到一三九九年理查二世被廢為止，這段時期被稱為金雀花王朝。這是因為亨利父親安茹伯爵若弗魯瓦（Geoffrey）四世以金雀花（plantagenet）為裝飾而起名。

亨利從父親那裡取得了安茹伯爵領地以及與之接壤的曼恩（Maine），從母親那裡獲得了英格蘭加諾曼第，簡直就是橫跨英法兩方的大領主。

而且其領地還因他自己的婚姻又增加了。亨利在一一五二年，於巴黎與波爾多（Bordeaux）相連的街道上偶然邂逅了亞奎丹的艾莉諾（Eleanor of Aquitaine），並對她一見鍾情而結婚。艾莉諾其實是法王路易七世的前王后，當時才剛離婚。

這位女公爵也是位大領主，亨利與她結婚後，獲得了普瓦圖（Poitou）、奎恩（Guyenne）以及加斯科涅（Gascogne）所構成的亞奎丹（Aquitaine）地方，合併此前英王的大陸領地，幾乎將所有法國西半部收歸國王領地。人們習慣稱這個夾著海峽的英法大領地為「安茹帝國」（圖2-3）。

亨利二世治下的統治機構

圖2-3　安茹帝國（修改自近藤和彥《英國史10講》岩波新書，2013年）

亨利二世雖然很粗暴，但仍是極有教養、有才能的君主。他錄用有為青年整頓法制及財政，在他的治理下，英國的統治機構，被整治得格外精良，具有發展性。

尤其應該關注的是，由國王直接分封的地方領主與高位聖職者所組成的大評議會，在立法行為上是現代議會上議院的起源。還有另一點是，司法制度變成以國王為主。國王的宮廷成了仲裁貴族們紛爭之處，關於土地所有權的問題也是在此做裁決，因此削減了地方領主的裁判權，增加了國王巡迴裁判的威力。此外也開始了陪審制度，陪審員的發言是很有力的。

如此法制上的改革，透過統一各地不同的法律習慣，領先他國，施行了判例主義以及整備了全國共通的「共同法」（Common Law）*。共同法不是明文化的法律，而是收集了各種判例與社會風俗習慣。

另一方面，在這時代，宗教裁判所發生了多起侵害世俗法院管轄事件的案例，兩者間因而深化了對立。一一六四年，為了取回司法權，國王與心腹的聖俗貴族們，一起在克拉倫敦（Clarendon）會見了以坎特伯里大主教托馬斯・貝克特（Thomas à Becket，也是尚書部長官）為首的大主教、主教們，並讓貝克特簽署《克拉倫敦法典》（*Constitutions of Clarendon*）。

法典中制訂了國王有任命主教權，而且決定了宗教裁判所與國王法庭的任務分擔，

＊註：審訂者認為應譯作共同法，但一般說法稱為普通法居多。

例如即便是聖職者，若犯了世俗相關的重罪，也能被國王法庭告發、被宗教裁判所剝奪聖職的聖職者會被移交至國王法庭受審並接受處罰、禁止聖職者向教宗上訴……等。

貝克特與亨利二世在這之後雖然決裂，但又因法王的調停而和解。然而貝克特在坎特伯里大教堂裡做祈禱時，卻被四名騎士暗殺了。輿論嚴厲譴責國王，所以他為表懺悔，赤足走去坎特伯里，可是卻被修道士給鞭打了。

沒多久，教宗亞歷山大三世就封貝克特為聖人，而坎特伯里則成了英格蘭首屈一指的朝聖之地。之後，英王與羅馬天主教會間的關係一直都處不好，後來的亨利八世還因宗教改革而完全與之分裂。英國國王比起其他的歐洲國王、皇帝，並非信仰心較薄弱，只是對於從羅馬教宗的權威、支配下獨立的傾向，比他國來得更早、更強烈。

征服愛爾蘭與威爾斯

從亨利二世開始的金雀花王朝，如先前所述，不只有不列顛島，在法國也有廣大領土。可是展望不列顛群島，還有地方是與英格蘭接壤，以及沒被攻略的土地，那就是威爾斯、蘇格蘭與愛爾蘭。

一直到十八世紀，英格蘭對蘇格蘭都沒有認真征服或合併，只是不斷進行小規模鬥爭，雙方長久並存著。認真征服愛爾蘭及威爾斯，是從亨利二世開始。

他在一一七一～一一七二年間首次征服愛爾蘭。愛爾蘭自古就是凱爾特人的島嶼，與英格蘭不同，免於被羅馬侵略。五世紀中，基督教傳來，有其獨自的發展。這座島於八～一〇世紀中也持續受到諾曼人的入侵、掠奪、暴虐，但似乎也有諾曼人和平的定居下來，並與凱爾特女性結婚。

進入十二世紀後半，亨利二世受為部族間抗爭所苦的利揚省（Leinster）地方之王麥克穆赫（MacMurrough，位在幾十百個小王國之上的大王）之請，決心征服愛爾蘭。盎格魯撒克遜系的貴族趁此機會，遠征愛爾蘭，修築領地。這開啟了今後超過八〇〇年的英格蘭與愛爾蘭之間的激戰。

此外，亨利二世也從一一五七年起花了八年時間遠征威爾斯，卻毫無成果。

之後在英格蘭王亨利三世時代的一二六七年，威爾斯的掌權者魯維林（Llywelyn）公開承認亨利為主君，威爾斯便成了公國*。可是，在接下來一章也會說到，之後的愛

*註：國王賜封領地給公爵管轄的就稱為公國。

德華一世征服了威爾斯。

然而，雖然在政治、軍事上讓威爾斯屈服了，但要完全掌控不同民族性的人所居住的土地，使其制度與英格蘭一致，卻沒那麼簡單。

威爾斯的傑拉德探訪記

這些征服行為，可以讓我們一窺，英格蘭（人），以什麼樣的態度面對他人，以及如何看待他人的心理狀態。

關於愛爾蘭與威爾斯都留有當時的紀錄。作者是諾爾曼系威爾斯人，名為威爾斯的傑拉德（Gerald of Wales）。他成為聖職者後，在巴黎持續學習約一〇年，回國後，在亨利二世的宮廷中任職。他寫了《愛爾蘭征服記》（一一八九年）、《愛爾蘭地誌》（一一八七年），與《威爾斯巡行記》（一一九一年）、《威爾斯概略》（一一九四年）。

前二者中的《征服記》是在描述亨利二世征服愛爾蘭的事，而這樣的攻略是獲得羅馬教宗認可的宗教事業，其說法是：「目的是要讓愛爾蘭的怪物式偏差行為、下流的宗教慣例正常化。」將參與其中、自己一族的行動正當化。另一方面，「地誌」是一一八五年成為「愛爾蘭君主」的王子約翰，前往愛爾蘭時，傑拉德隨行，他隔年仍滯留在愛爾蘭，所以報告了關於愛爾蘭與其住民的習俗與不可思議的現象。

後兩者是關於威爾斯的，傑拉德母系的血緣與南威爾斯有關係，因著這個緣分，他記錄下坎特伯里大主教鮑德溫（Baldwin）巡行威爾斯，以及勸說十字軍服從的事。傑拉德從一一八八年三月到四月都一直待在威爾斯。

這些都是站在「以中央（英格蘭、宮廷）的觀點來看邊境與他者」的立場，有著沐浴在文明中的學者「蒐集未開化之地的風俗習慣與現象」的特徵。這就是他們被稱呼為「民俗學者的先驅」的緣由。

在《愛爾蘭地誌》中，蒐集並報告了許多當地自然、驚異與奇蹟，以及住民風俗習慣等相關事項。關於住民，除了滿是偏見的言論，如：「他們是尚未開化的人民，很冷淡，除了吃野獸，連自己也活得像野獸」，也稱讚到：「他們的樂器演奏比其他民族優秀得多，手指動得很快，音樂也和諧不亂」。

《威爾斯巡行記》《威爾斯概略》中也無止盡地記載著以好奇的眼光所觀察的結果，像是威爾斯各地區與住民的歷史、自然、地誌、性格、風俗、動物、衣服、語言、音樂、惡靈附身、武器等。有評語說，傑拉德的著作中很早就表現出「旺盛的好奇心」，這種性格是後世英國人的特徵。

中世紀的歐洲人，尤其是十二世紀以後的人，對世上的異域事物都有著極大的興趣。可是因為無法簡單到達那些地方，所以「東方」是個令人驚異的寶庫。

可是對英格蘭人來說，有一個很靠近他們的「異域」。英國在之後進出海外、帝國主義時代中，雖以「白人的負擔」「打破迷妄」這類自說自話的藉口支配殖民地，但這個島國比起西班牙、葡萄牙、法國或是德國也確實更擅於支配殖民地。英國之所以能擴展殖民地，其實應該與他們從中世紀開始就經歷過把附近（威爾斯、愛爾蘭等）的「別人」看成了「異域」對象有關。

在此希望大家也注意到，國王的宮廷正是形成這種意識形態的地方。國王的宮廷聚集有出仕的貴族、騎士們，這高雅的中心聚集的大多是八面玲瓏與懷有野心的宮廷聖職者，而他們的夫人則更為這邊增添了絢爛光彩。

因此，宮廷同時也是統治用的一大機關。有宮內府行政機關財務府、製作文書的部門尚書部（因漸漸獲得了法律上的權能，十四世紀以後被稱為大法官部）、寢室部、儲物部、膳食部、馬廄部等，這些本來是國王私人的家政部屬，卻帶上公性質的色彩成了國政機關，另一方面，邁入十三世紀後，宮廷外出現了制度之外的機關，這些機關遠離了國王的個人影響，有著濃厚的官僚制性格。蓋有好幾個機關所管理印璽（王璽或國璽）的證明文件，在行政上扮演著重要的角色。

國王就是這樣利用宮廷的各機關，與規範化國內統治並行，採用征服邊境、外部的作戰，而首先，就是要求宮廷中人們有「征服」的精神以及「理解」異域的他者。

《愛爾蘭征服記》與《威爾斯概略》的最後部分，寫有了征服、統治之用的精華。其中除了用以征服的軍隊裝備以及作戰，令人印象深刻的還有統整了如何在物質上與精神上削弱住民、如何利用賄賂收買與空口白話在住民之間埋下不合的種子，讓他們相互爭吵等手腕。

這簡直可以看成是英國在近現代推動帝國主義式征服的原點。

熱衷於十字軍的獅心王理查

亨利二世擴大了版圖，但是晚年與王后艾莉諾不合，兒子也反抗他。好不容易平復之後，么兒約翰再度叛亂。一一八九年，亨利在極大的打擊中絕望而死。

後繼者是三子（長子、次子都已亡故）理查。他和其他孩子一樣，被母親帶去了法國，此時匆忙返回英國，即位為獅心王理查一世（一一八九～一一九九年在位），但他脾氣暴烈，性生活複雜，而且不會說英語，簡直就是個「法國人」，加冕後還不滿一年，就於一一九〇年投入十字軍東征。不過因其勇猛果敢的戰鬥（獅心王的綽號就是由此而來），以及與薩拉丁（Saladin，伊斯蘭戰士，攻破十字軍，奪回了耶路撒冷）簽訂了合約，而提高了他的聲望（圖2-4）。

圖2-4　第三次十字軍東征時的獅心王理查（中央右）與薩拉丁（中央左）

但是他在從十字軍回來的途中，被奧地利公爵巴奔堡王朝（Haus Babenberg）的利奧波德五世（Leopold V）俘虜，後來移交給神聖羅馬帝國皇帝亨利六世。亨利六世要求十萬鎊的贖金，如此大筆的金額雖超出國家預算好幾倍，但在其母奔走下，終於一一九四年二月二日獲釋。

理查誠如在華特・司各特*（Walter Scott）

*註：十八世紀末著名的歷史小說家及詩人。

小說《撒克遜英雄傳》（*Ivanhoe*）中所描寫的一樣，是很受歡迎的戰士，但他幾乎都不在英格蘭，而是忙於守衛法國領土、參加十字軍與異教徒征戰。

可是即便國王不在，對英國的制度發展、成熟，也不盡然都是不好的。亦即在沒有國王嚴格監管的期間，地方的紳士（鄉紳、中小地主階級）們有意識地對在自己影響下的州及都市進行自治，因為「地方自治」的原則已經普及開來。

國王是法國人

最後來看一下英國與法國的關係。這時代的英國國王血脈可以說「幾乎都是法國人」。威廉二世是諾曼第公爵，是帶著諾曼貴族而來的法國人。亨利一世的父親是威廉一世，母親則是法蘭德斯伯爵鮑德溫（Baldwin）五世的女兒瑪蒂爾達，沒有留著盎格魯撒克遜的血。亨利二世的父親是法國人安茹伯爵若弗魯瓦五世，他自己也是在法國出生，似乎也覺得自己是法國人。而理查一世的父親是英格蘭王，同時也是安茹伯爵，母親是亞奎丹女公爵，與其說他是英國人，不如說是法國人。

英王們就像這樣，幾乎是不太說或者是完全不會說英文的法國人，男爵、貴族們也同樣。第一個以英文做為母語而培育起來的國王是在一三九九年加冕的亨利四世。但身為「安茹帝國」帝王的英格蘭王，必須巡迴法國各地進行統治，待在不列顛島上的期間很短。

英國人之後視法國為仇敵，這既是在構築其身為英國國民的身份認同，也是國王們的希望。然而諾曼王朝以及金雀花王朝初期，法國是英王們的根基，島（國）與大陸間的一點點距離，對於打造橫跨這兩者的政體完全沒有一絲妨礙。可以說，這都是拜「安茹帝國」之賜。

《大憲章》的意義

理查於一一九九年亡故後，其弟約翰（一一九九～一二一六年在位）繼位，但因為沒有可繼承的土地，所以被稱為「無地王」。這位老么在政治、外交上也不斷失敗。

首先，他搶了許配給呂西尼昂家族于格的昂古萊姆伯爵女兒伊莎貝爾，並與她結婚。結果在一二〇二～一二〇四年，他位於法國境內的土地有大半被奪走，安茹帝國理所當然也垮台了。

一二〇七年，約翰王為選定坎特伯里大主教一事而與教宗起了紛爭，被下令停止執行聖務，第三年開除了他的教籍，無可奈何之下，他於一二一三年向教宗屈服。隔年的一二一四年，他與神聖羅馬帝國的皇帝奧圖四世（Otto IV）、法蘭德斯伯爵（Comte de Flandre）、濱海布洛涅（Boulogne）伯爵聯合，在法北的布汶（Bouvines）與法軍對峙，最後以失敗告終。

他為籌措戰爭經費而奪取臣下的土地、徵收兵役免除稅（scutage）、擴大王室森林制度都招來了反感，導致於一二一五年爆發內戰。約翰拒絕貴族們的要求落入劣勢，最後不得不同意，於六月十五日簽訂了《大憲章》（*The Great Charter*）（參照本章章名頁圖）。

《大憲章》一定會出現在高中的世界史課本上，它被視為英國國家發展的一個里程碑，是英國憲法的基礎，但其實當初，它是約翰王與男爵們妥協之下的產物，除了前言，不過就是條列了國王、貴族、教會各自相互提出的六十三條要求。尤其是對當時的男爵來說，他們腦中完全沒有立憲政治、議會制民主主義這些東西，只是對無益的戰爭與土地建築物被沒收感到憤怒而已。

這部《大憲章》在開頭一章中保障了教會的諸權力，之後持續到十五章都是為了避免國王的行為太過份，嚴禁濫用特權。假如要課稅，就必須聽取諸侯、騎士、都市代表的意見。

其他的一〇章是談到財政，最後部分則是強調共同法中固有的人民權利。留存在歷史中的正是這最後的部分，若沒有正當的法律判斷與手續，不可以隨意將自由民逮捕入獄，國王也要服從法律的管束，同時要求國王本身必須對管束方法負起責任。為了讓國王遵守這分憲章，還創設了評議會，由二十五位男爵組成，若國王有所違反，就認可男爵們有與國王宣戰的權利。

可是簽訂這分《大憲章》之後，還不到三個月，就被約翰廢棄而爆發了內亂。隔年，約翰因痢疾而死，之後繼承的國王是亨利三世，終於發布《大憲章》。之後也修訂了三十幾次。

諾曼王朝以及金雀花王朝是統一英格蘭最初期的王朝，打造了之後一直持續到今天近一〇〇〇年，以國王為中心的政治決策基礎。這個時代，人民一方面尋求一個有能力又強大的國王，能保護、指導自己，並帶領國家往正確的方向前進，也透過裁判制度贊同中央集權化，同時在地方上打造能制衡國王的機構，以防他們無能又擅自妄為。

雖說是「人民」，但對國王來說，最初是指男爵與貴族等非常少數的人。可是這個範圍逐漸擴大到騎士、紳士，還連帶了自耕農（獨立自營的農民）與都市民，最終變成全國國民，之所以會這樣，是因為英國人長時間一邊與國王對抗，一邊打造議會制民主主義、立憲政治的歷史發展。在這意義上來說，《大憲章》在政治領域中打開了一條通道，讓新階級能參與進來，可以說是重要的開端。

農民生活

那麼從盎格魯撒克遜時代到金雀花王朝時的農民們，都過著什麼樣的生活呢？在盎格魯撒克遜諸王國內，農民們除了要負擔沉重的地租，還必須負擔領主直營土地上的徭役，但在諾曼征服英格蘭後，土地迅速莊園化。騎士們透過繳稅就能免除兵役，所以很熱衷於經營農業，在各地興建莊園大屋（莊園領主的住宅，之後這類高級建築被稱為鄉村別墅，參照圖4-4）。

莊園農民們有一部分是自由農民與佃農（準自由民，提供農耕勞務的土地保有農），可以免除徭役，但後者不是完全的自由。他們托身於領主，服從於領主裁判權，不能向國王法院或是郡法庭提出告訴。大部分莊園的農民都是沒有自由的農奴。

強而有力的貴族階級不是對抗而是協助國王，相互幫忙，也獲得國王的支持，拜國王的政策所賜，他們可以以土地領主的身分掠奪農民們，讓他們變成農奴，向他們課徵結婚稅、死亡稅以及其他稅收，還能讓他們服從領主的裁判權。

誠如先前提到的，英國有權勢的領主會以諾曼司令官的身份被派遣到各地，取代盎格魯撒克遜的領主們。領主階級中當然有金字塔層級，分有伯爵、男爵、中級貴族、小貴族等。小貴族只有一處莊園，中級貴族則有數個，偶爾會去各處巡視，之上的伯爵是大領主＝大貴族，男爵、主教、修道院長等也有廣大的領地。而伯爵之上的是少數的公爵，他們是僅次於國王的大貴族，但這本來是英國為王族所創設的稱呼，從十五世紀末起也會賜與人民這封號。

不管怎麼樣，領主會消費農民的生產物，而且是會獲得年貢而富裕的榨取者。農民除了要上繳以小麥為首的穀物、豆類，以及牛肉、羊肉、雞肉、蛋、起司、奶油、豬油、蜂蜜以及鯡魚等，還有現金的地租。

除了自有地農民的小農地，也有土地部分是領主直接經營，大小規模各有不同。除了自有地農民每週要在那裡進行勞役，還有專門的奴隸（不自由民）為其工作。領主直接經營管理的土地農產物非常多，將之拿去市場販售，可獲得龐大的現金。而且領主獨占了磨麵粉與烤麵包的權利，他們會強迫農民付費使用這些設備，從中獲取財富。

《末日審判書》寫成時，農民間還有階層的差異，分為五個階級：自由人、佃農、農奴、茅屋小農（住在農場小屋中的臨時僱農）、奴僕。可是不論是哪個階級，農民的生活都很貧苦。房子很小，房間只有一～二間，還和家畜一起住。腳踩的地板是用稻草或藺草鋪成，中央有火爐，是兼暖房與煮菜的地方。當然，家中都被煙燻得很黑，到處堆積灰塵，怎麼掃都掃不完。

他們吃著雜糧麵包、燕麥片與粥，一般喝的是啤酒。蛋白質來源於豆類，偶爾會在燕麥片中加些培根或醃肉，若手頭寬裕，也會吃些蛋、起司以及少量的肉。蔬菜類是視季節而定，會將高麗菜、萵苣、蔥、菠菜、荷蘭芹、洋蔥、大蒜……等加到粥或湯裡。

農民的勞動很辛苦，但他們會在基督教會年曆上的節慶進行消遣、娛樂，也會相互宴請。他們會說說笑笑，或是唱歌跳舞，或是扭打在一起，或是玩鬼抓人、保齡球、陣地搶奪戰、丟骰子，此外也會玩足球、游泳、射箭、網球等運動，也有享受生活的一面。

蘇格蘭的動向

目前為止，我們已經看過了以英格蘭為主的情況，蘇格蘭的情況又是如何呢？在宗教方面，原本教會很依賴國王與地方豪族，羅馬教宗的權威還沒那麼大。

可是蘇格蘭王馬克白（一〇四〇～一〇五七年在位）於一〇五〇年去羅馬朝聖，並增加了給羅馬教廷的從屬後，修道院也進行了改革。在亞歷山大一世（一一〇七～一一二四年在位）與大衛一世（一一二四～一一五三年在位）的時代，天主教化有所進展，主教區也一一建設設備齊全的修道院。

這時代，蘇格蘭模仿英格蘭，進行國王審判制度、分縣制度，以及大城鎮自治制等。此外，蘇格蘭並未籠罩在諾曼征服英格蘭的陰影下，進入二世紀後出現了從英格蘭來到蘇格蘭的盎格魯撒克遜人，騎士制度與城市也發展了起來。諾曼人領主與蘇格蘭人領主一起發誓對國王效忠，同時也被賦予地方行政、司法權以治理領土。而且與英格蘭不同，國王與有權勢者們的關係都很好。

亞瑟王傳說誕生

圖2-5　亞瑟王與圓桌武士們

英國（英格蘭）人是實用主義，據說不太會隨著自己的熱情亂來，也不會遨翔於想像中，忘了自我。另一方面，凱爾特（愛爾蘭、威爾斯、蘇格蘭）人與之相反，對超自然事物的感受性很敏銳，能感受到身旁的妖精、矮人、巨人等各種令人驚奇的事物。

其實英格蘭人在中世紀時，也曾經像其他歐洲人那樣經常遨遊於幻想世界中。形成這種幻想世界的一個中心就是王侯的宮廷。宮廷貴族們收錄了民眾的傳說，將不可思議的事情故事化。尤其令英國人狂熱的就是亞瑟王（圖2-5）。

亞瑟王是介於現實與想像中的人物。現實中，他被認為是六世紀的不列顛人國王，與侵略的撒克遜人對抗，然而其事蹟卻幾乎不為人知。他像是超出現實的神話般存在，成了代表中世紀騎士道光輝的國王。

亞瑟王最初出現在《不列顛人的歷史》（*Historia Brittonum*）這本書中，這是內尼厄斯（Nennius）這位史家寫於九世紀的一本編年史出現。其次也在一一〇〇年前後的威爾斯聖人傳中，但真正是因蒙茅斯的傑佛里（Galfridus Arturus）的《不列顛君王史》（*Historia Regum Britanniae*，一一三六～一一三八年）才為人所熟知。傑佛里是從凱爾特的民間口頭傳說中獲得靈感。

亞瑟王成為不列顛人的戰士王，肩負起各種征戰事業的責任，是與異教徒對抗的基督教國王。他也是優雅宮廷風的君主，在宮廷中被廷臣所圍繞，是展示正義與文雅、大方與美德的理想君王。騎士們則會坐在圓桌的周圍。

在英國現實的地理環境中，有著可以讓亞瑟王活躍的理想性，對英國君王來說，因能夠擁有顯赫的祖先，所以無視實際的血緣關係，都主張與亞瑟王之間有所關連。尤其是金雀花王朝很早就開始流傳亞瑟王傳說，並以此主張其政治上的正當性。

例如一二七八年，愛德華一世在格拉斯頓伯里修道院，舉行亞瑟王與王妃關妮薇（Guinevere）的遺體遷葬式（該修道院主張發現了兩人的遺骸）。一三四八年，愛德華三世創設了新圓桌武士團（嘉德騎士團）作為亞瑟王的後裔，因而獲得了威望，而且還獲得貴族們的支持去攻略法國。

在之後的時代，從十五世紀末興起的都鐸王朝，廢了正統的君王，讓一個繼承權不可靠的人繼任了王位，所以必須要重新補強那份正統性。於是，亨利七世將長子命名為亞瑟，主張「都鐸家是光榮亞瑟王的末裔」。

這位亞瑟王子從當時歐洲第一大國西班牙王室迎娶公主（亞拉岡王國的斐迪南與卡斯提爾女王伊莎貝的女兒）後身價更為提高，但可悲的是，他才結婚四個月就去世了。

創造奇蹟的國王

英國國王不太容易把超自然的靈氣攬上身，以與歐洲其他大國的國王及皇帝對抗。反而褪去這種超自然性，將宗教與教會等鋪墊在腳下，自己才會成為教會的首長，可以說，貫徹這種實用性又冷靜透徹的世俗性正是英王的本事。實際上，自十六世紀以後，英王就是朝著這樣的道路邁進。

可是從中世到近世，值得注意的是，英格蘭（以及法國）國王有著「不可思議的力量」，那就是「國王觸摸病人的患部後就能治癒」的奇蹟力量。瘰癧（scrofula，結核性頸淋巴炎）是當時流行的一種皮膚病，會在頸部等淋巴節出現結核性感染的腫塊，並會增大，屬慢性病，要國王的手去觸摸才會治好，因此又被稱為「王之病」。

最初治癒病患的例子是出自於聖愛德華王，但也是唯一的例子。從十三世紀末到中世紀末，累積了具規則性的證據，並認可其為英格蘭王的屬性。在英格蘭，從愛德華一世的時代起，許多財務府的公文書中就留有許多證據。一二六七～一二七七年，該位國王以「皇室的觸摸（Royal touch）」加持、治癒了六二七名患者（據說人們是這麼相信的），並分發給他們一人一個便士。

或許這種習慣做法是從愛德華的父親亨利三世時代就固定了下來，這可以想成是亨利在模仿法國的路易九世。

之後在英格蘭，斯圖亞特（Stuart）王室的王族們於宴席上，在穿著禮服的聖職者與外科醫師列席下，不斷重複表演著觸摸、治癒腫塊與潰瘍給他們看。一直到安妮女王的一七一四年為止，英國國王仍在倍受質疑中觸摸、治療病人。

在查理二世統治時期，這情況達到最高峰，據說他總計觸摸了九萬名以上的病患（圖2-6）。即便王朝更替，不論國王人格如何，透過塗油的儀式，國王都會獲得神賜予的力量，顯示出神聖的權能。

關於這個「皇室的觸摸加持」，從十四世紀初期的愛德華二世時代起，國王就習慣會在聖週五奉獻金銀，然後從這些貴金屬中鑄造出「有治癒力的戒指」。從十五世紀起，國王若將戒指放在兩手間摩擦，就能「發揮治癒痙攣與癲癇的效果」，那枚戒指即被稱為「痙攣戒指」（Clamp ring）。在英格蘭，約從一五〇〇年起就留存有這個皇室的觸摸加持與Clamp ring的祝禱儀式書（規定儀式順序與必要祈禱的文書）。

可是，不論是沾光亞瑟王作戰也好，還是皇室的觸摸加持也好，這些在英國究竟能提高多少國王的權威呢？我覺得應該沒有像法王與神聖羅馬帝國的皇帝那樣，把國王推崇為神聖、神秘的存在。

反而王室主動大力帶領進行「慈善事業」，近現代英國所見到的實利性國王，還比較合乎英國國民的心理。

圖2-6　皇室的觸摸加持。查理二世正在撫觸病人患部

第 3 章

法律・議會・立憲君主

從亨利3世到亨利7世

——西元1216～1509年——

15世紀的國王法院（皇座法庭）

牛津條例

在約翰王之後即位的是他的長子亨利三世（一二一六～一二七二年在位），當時他只有九歲。亨利於一二二七年開始親政，但他的政策大多以失敗告終，留下了許多禍根。首先，一二三〇年時，他為收復其父丟失的法國領土而進軍布列塔尼、普瓦圖（Poitou）、加斯科涅，但什麼都沒拿回來，並於一二三四年與法王路易九世簽訂休戰條約。此外，一二三六年，他愛上了普羅旺斯伯爵的女兒埃莉諾（Eleanor）並與之結婚，但貴族對王后所帶來的許多普羅旺斯人愈來愈不滿。此外為了遂行對外政策，在金錢的徵收上也引來民眾不絕的牢騷。

一二五一年，亨利將長女瑪格麗特嫁給了蘇格蘭國王，蘇格蘭國王因而臣服英格蘭國王。然而自一二二七年以來教宗額我略九世（Papa Gregorius IX）與神聖羅馬帝國的皇帝腓特烈二世（Friedrich II）起了爭端，將歐洲王侯們都捲了進來。亨利想實行歐洲政策，結果被教宗英諾森四世（Ihnocont IV）的花言巧語所愚，與教廷聯盟，他無視了男爵們的權利，竟開始策劃讓次子成為西西里國王，讓弟弟擔任神聖羅馬帝國的皇帝為為了從神聖羅馬帝國手中拿取西西里，亨利欠了教宗大筆戰費的回饋。

在這樣的狀況下，反抗國王的貴族與聖職者在一二五八年發起了「牛津條例」。這是國王的妹夫，也是貴族們中心的西蒙・德孟福爾（Simon de Montfort）所制定的，主要是決定關於官職的規定以及地方統治的改革，同時設置以大諸侯為主的十五人會議，對各種國政上的問題給予國王建言並可指派官員，此外，為了確保一般諸侯與十五人會議的合作，一年要招集三次議會等。依此，王權終於有了「議會」的意義，而且也承認了「議會」的集會力量。

牛津條例是首次以拉丁文、法文以及英文所寫成的公文，這點也有很大的意義。這個條例在隔年，採納了住在地方的陪臣階層（騎士、中小領主）要求，重新定義貴族以及有權勢者的權利與責任，這個條例更嚴格限制王權的西敏條款所取代。但是亨利後來廢棄了這些條款，導致內戰。

國王做為羅馬教宗的手下而行動，失策不斷。聖職者們、修道士、倫敦市民都對他抱持反感而站到了西蒙・德孟福爾這邊，結果國王與王太子愛德華（日後的愛德華一世）失敗被捕。西蒙・德孟福爾掌握住實權，召開議會，除了許多聖職者，從各州招集了兩名騎士，也從各自治市鎮（自治都市）召集兩名市民出席會議。之後一年內，西蒙就成了實質的支配者。

一二六五年，王太子愛德華脫離牢獄之災，終於獲得了開始對西蒙強大權力有所警戒的貴族們支持，在伊夫舍姆戰役擊敗了西蒙軍。西蒙在此戰役中戰死，隔年二月，亨利三世拿回了王權。

可是議會的力量並沒有因王權的回歸而減弱。接續亨利三世即位的愛德華一世（一二七二～一三〇七年在位），在對外戰爭（對蘇格蘭、威爾斯、法國）上獲得諸侯的支持。為了籌措戰爭經費，他三不五時召集議會，反而更加強化了議會的力量。

之後，英國國民的性格除了一方面支持強力的王權，同時又對帶給人民莫大負擔與苦難的國王武力相向；有著中央集權與民主主義兩種矛盾的傾向；以頻繁召開的議會為立足點，彎彎繞繞卻又確實地走向立憲君主制。

「威爾斯王子」與蘇格蘭的侵略

愛德華將即位之前，於一二七〇～一二七一年參加了十字軍，他做為戰士的評價很高，政治手腕也比他的父親優秀。他登基後，首先便決定要統治整個不列顛島，接著要威爾斯王公臣服於他，但威爾斯王公不肯，於是他在一二七七年派遣軍隊前去征服，直接成為威爾斯的支配者。

此外，一三〇一年，他將在遠征威爾斯途中出生的王子賜封號為「威爾斯親王」（Prince of Wales）。英國的王子（名義上）成了威爾斯的君主，現在稱王太子為「威爾斯親王」也是從這時候開始。

另一方面，關於蘇格蘭，我們要著眼於亞歷山大三世（Alexander III）於一二八六年去世後王位空懸一事。愛德華假裝仲裁幾名候補者的紛爭，但其實想把蘇格蘭王納為家臣。一二九六年，愛德華侵略蘇格蘭，在鄧巴（Dunbar）之役中獲勝，讓反抗的蘇格蘭人服從於他。

但是，擔任蘇格蘭總督的薩里伯爵約翰・華倫（John de Warenne）進行殘暴的統治，而且還逐步加劇，所以蘇格蘭對英王統治的反抗從未停止過。

羅伯特一世（Robert I，一三〇六～一三二九年在位）是廣為人知的偉大國王，他就任蘇格蘭王後，終於舉旗反叛。愛德華為再次鎮壓而出征，卻於一三〇七年死於遠征途中。

熱衷於騎士道的國王

愛德華一世有如騎士們的榜樣，既勇猛果敢，也是有著雄威身姿的美男子，非常喜歡閱讀騎士的冒險故事。眾所周知，獅心王理查、理查三世以及亨利五世等也非常喜歡騎士道。

在此，我們來看一下英王與騎士道的關係。騎士道中混和了三種要素：騎士、貴族、基督教，一般認為，該原型誕生於十一世紀末～十二世紀初期。首先「勇猛」為第一美德。其次，「忠誠」以及「大度」也很重要，還要侍奉主人，以及必須不吝於贈送物品給周圍的人與下人。

不過，進入十三世紀後，實戰性的騎士道逐漸變樣成以禮儀為主。與人對話、社交要留心做出符合騎士身分的儀態舉止，並重視體貼、侍奉女性。此外基督教精神開始為騎士授予禮（成為「騎士」這身分的儀式，「騎士」底下還有「持盾者」與「侍童」）過程增添了色彩，主教會介入授予禮，賦予騎士成為教會與弱者守護者的身分。

在英國十二世紀後半的亨利二世時期，許多騎士都醉心於騎士道的故事，心心念念在騎馬上比武的比賽。另一方面，因為可以用錢免除兵役，所以騎士們都沒有進行過實戰的他們因而紳士化（參照第4章）。

因此，愛德華一世以後的英王們熱衷的，是過時的騎士道規範，為了讓人看到自己處於閃耀的騎士頂點。

愛德華迎娶卡斯提亞（Castile）國王的女兒艾利諾（Eleanor）為妻，其兄被阿方索十世（Alfonso X）敘任為騎士，在馬上比武的競賽中大為活躍。此外，一三四八年，愛德華三世打造嘉德騎士團以作為馴服貴族之用。這也是利用騎士道的好例子。

現在，授予對國王與國家有功勞者的「爵士」，就像是日本勳章的「名譽稱號」。以嘉德騎士團為代表，十四世紀以後的國王與諸侯在宮廷中創立的「騎士團」也很守禮儀，而且有著華美的名譽，完全不同於十字軍時成立的「聖殿騎士團（Knights Templar）」以及「醫院騎士團（Knights Hospitaller）」這類戰鬥型騎士修道士集團。

總之，獅心王理查、愛德華一世、三世們在打造英國騎士模範上，毫無疑問有著極大的貢獻。雖然英國的騎士道在十五世紀中葉出現了衰退，可是之後，為了提高市井間的評價，國王仍一貫顯露出勇敢、坦率大膽的威猛騎士模樣。

本來，騎士是自封建分裂的一〇世紀起，在大貴族與自由農民中間形成的社會階層。之後直到十二世紀中葉，騎士即便有大半擁有土地，也只是自由民而非貴族。但在騎士道昌盛時，要自掏腰包買馬跟武器形成一種負擔，原本專門的騎士與其子孫便開始放棄「騎士」這頭銜，而新起的騎士則被視為與貴族同等。

在這種情況下，連地位本該高高在上的國王，也以騎士自居。根據寫於中世紀的編年史與宮廷故事等的描述，國王與騎士道之間有互補關係，比所有人都更理解騎士道的國王才是優秀的國王。

在教育君主的鑑書的「君主之鏡」中，寫有國王該俱備的資質應與騎士的資質相符合，從這點也可以得知國王與騎士道的密切關係。湯馬斯・馬羅里（Thomas Malory）以《亞瑟王與高貴的圓桌武士》（*Le Morte d'Arthur*，後改名為《亞瑟王之死》，一四七〇年）等書廣為人知，他所描寫的亞瑟王簡直就是騎士的模範，讓人無法忘懷。

對法王來說，國王作為神的計畫的一環，他有一個特別的任務——帶來正義、和平。但英王則是表現出更直接的戰士態度，他身為騎士王，因所做的壯舉、勝利而備受褒揚。先前已提到，對英王來說，騎士道是他用作政治道具的操作對象，換句話說，前近代英國的政治基本就是國王與貴族聯合，在國家發展中統理社會。

這雖確立於百年戰爭末期或十三世紀末，但之後在歷經列強間戰爭、征服美洲與亞洲大陸、前進帝國主義等雄威歷史的發展中，就顯示出其實力了。

崇敬聖喬治

與英王戰鬥性相關的事例中，最令人感興趣的就是英國（英格蘭）的聖人崇拜，尤其是對守護國家聖人的崇拜。聖人崇拜的起源於對古代末期殉教者的崇敬，是取代日耳曼與凱爾特巨石及樹木崇拜的信仰行為。從中世紀初期起，人們就相信，聖人的遺骨與衣物碎片等與聖人有關的東西具備神奇的力量，因而產生一種慣例，亦即病人會去收納有那些遺物的教堂進行祈禱。在中世紀中期後，聖人崇拜和朝聖運動更為擴展開來。

此外，人們相信守護聖人不僅會守護教會與修道院，也一直會守護都市與國家，免於不幸，所以會在紀念日舉行盛大的慶祝活動。選擇崇拜哪位聖人才，是看與當地的關連或出現了什麼奇蹟而定。例如法國是聖德尼（Saint Denis）、佛羅倫斯是施洗者約翰、蘇格蘭是安得烈、愛爾蘭是聖博德（St. Patrick）等相稱於當地的聖人。

在英格蘭，聖愛德華也是其中一名守護聖人，但是聖喬治（Saint George）才是最重要的（圖3-1）。聖喬治是出生於卡帕多奇亞（Cappadocia）或巴勒斯坦的羅馬士兵，也是四世紀初期，受戴克里先（Diocletian）皇帝的迫害而殉教的基督徒。在十字軍時代，以身為戰爭的守護者大受歡迎。

從中世紀中期起，歐洲各地傳說起聖喬治擊退惡龍（惡魔、異教的象徵）的場景被畫成了畫。英格蘭在一二二二年的牛津教會會議上，訂定聖喬治日（四月二十三日）為英格蘭王國的國慶日。此外他的旗幟、徽章也將十字軍的精神帶入了英國，被視為用來正當化英國與蘇格蘭、法國間的戰爭。

可是直到十四世紀，他在英格蘭才正式被提升到守護聖人的地位。躍進的一大主因或許是因為一三四八年時，愛德華三世把自己的「嘉德騎士團」歸在聖喬治旗下。在後面會提到的百年戰爭進行期間，據說英軍到處都在吶喊著「聖喬治」。

聖喬治沒有和英國哪處有關連這點也是有利的，因為在十五世紀後期，有非常多教堂都有供奉他。他也不是能治癒某種疾病或與特定職業相連結的聖人，而是守護英格蘭全體的聖人。他的十字架成了英格蘭的國旗，也位在聯合王國聯合旗的中間位置。

圖3-1　聖喬治與亨利7世一家

十四世紀以後，聖喬治不僅成了英國的守護聖人，也成了王室的守護者。如此蓬勃的聖人崇拜逃過了宗教改革存續下來，聖喬治還成了孩子的名字，連教會與船隻等也以他的名字命名。四月二十三日的聖喬治紀念日中會進行各式各樣儀式活動，愛德華一世的孫子——愛德華三世，在當天，會帶著對聖人的敬愛之心，布施給一〇〇名窮人一人一・五便士。

接下來在查理二世時，聖喬治與王室間的連結被制度化，他的旗幟因而飄揚在國王四周。而且所有士兵也習慣在衣服前後加上聖喬治的徽章，聖喬治既成了國王的守護者，同時也成了英國這個國家、國民的守護者。

模範議會

愛德華一世雖以勇猛聞名，將版圖擴大到威爾斯與蘇格蘭，但另一方面，也被法王腓力四世奪去了法國西南部亞奎丹一帶的領地，這導致之後英法之間的「百年戰爭」。

此外在英國國內，也形成所謂的「模範議會」（是議會與聖職者會議的聯合會議，依據近年的研究認為，這並沒有成為持續下去的議會的**模範**），這是因為對蘇格蘭、法國以及威爾斯的軍事遠征需要花錢，為了獲得對這項支出的認可才召開。除了大主教、主教、大貴族，還有每郡兩名騎士、各自治市鎮（自治都市）兩名代表、下級聖職者也出席了，幾乎聚集了全國民的代表，之前十三世紀後半的幾個議會都一起成了之後英國下議院（庶民院）的起源。除了同意課稅，各種法令的施行以及廢止也都必須獲得議會的承認。這在十四世紀初期就形成了慣例，最後，代議制度*終於實質化。

即便如此，國王的權力並沒有消失，反而在愛德華一世時代，國王與議會更相互依存，正確來說是不能失去彼此。每場議會國王都會出席，所有決議都需國王承認，國王對議會的決定負有很大的責任。

在這個時代，法治概念、法治意識以及司法制度、官廳機構等都很完備，有了從國王法庭（皇家委員會）獨立而出、以議會為主的統治機構。愛德華一世開始重視與議會並列的「國王評議會」。這個會議聚集了行政諸機關之長以及聖俗的有權勢者，從當初的建議者團體，蛻變成行政執行機關。

＊註：又稱間接民主制，是由公民以選舉形式選出立法機關的成員（議員），並代表其在議會中行使權力（稱為代議）、制定法律和管理公共事務。

寵臣跋扈

愛德華一世的兒子愛德華二世（一三〇七～一三二七年在位）繼承王位後非常喜歡派對，他與竹馬之交的寵臣皮爾斯・加韋斯頓（Piers Gaveston）有同性愛的關係。他娶了法王腓力四世的女兒伊莎貝拉為王后，但他大為拔擢加韋斯頓，不僅封加韋斯頓為康沃爾伯爵，還任命其為國王不在時的攝政大臣，引發了王后與聚集在其周遭的亨利三世的次子、也是愛德華二世的堂弟蘭開斯特（Lancaster）公爵托馬斯等人的強烈反彈。加韋斯頓數次被放逐至國外，但最後還是被伯爵們給處刑。

而且在一三一四年，愛德華在蘇格蘭中部的班諾克本（Bannockburn）敗給了蘇格蘭軍。蘇格蘭王羅伯特（Robert）一世將戰線擴大到北英格蘭與愛爾蘭，但在一三二三年與英格蘭締結了十三年的休戰協定。此外，一三一五年時，前所未有的飢荒襲來，三年內，連王侯貴族們都沒了食物。

然而愛德華卻還沒學乖，繼加韋斯頓之後，改寵信溫切斯特（Winchester）伯爵德斯彭瑟（Hugh Despenser）父子。而伊莎貝拉王后與國王對立，獲得了英格蘭人們廣泛的支持，將國王逼至絕境，於一三二六年英格蘭貴族將德斯彭瑟父子審判處決，也逮捕了國王。

開始百年戰爭

英格蘭人以國王名義召開議會，廢絀了當時的國王愛德華二世。由其子愛德華即位為愛德華三世（一三二七～一三七七年在位）。

過了不久，降為平民的愛德華二世在布里斯托（Bristol）北方的巴克利城堡（Berkeley Castle）被殺害。愛德華三世在過著悲慘一生的父親之後繼位，但幸好他似乎繼承了勇猛又賢明的祖父血統。他登上王位時是十五歲，從那之後就開啟了他五〇年的統治。在他統治時期，一直都標有著「百年戰爭」（一三三七～一四五三年）的記號。

一三二八年，法王查理四世亡故，之後愛德華三世也主張自己有繼承法國王位的權利，對查理四世的堂哥——安茹伯爵腓力的登基提出抗議。之所以如此，是因為愛德華是腓力四世的女兒伊莎貝拉之子。

愛德華主張其有繼承法國王位的權利，對此，法國沒收了加斯科涅（愛德華一世時代，法國實際支配著加斯科涅以及亞奎丹，但於一三〇三年的《巴黎條約》中，歸屬於英格蘭），而且還合併了法蘭德斯，引爆了「百年戰爭」。

一三四〇年，在荷蘭的斯勒伊斯海戰（Battle of Sluys）中，英軍擊破了法國的艦隊。一三四六年，克雷西會戰（Battle of Crécy）中，英國長弓隊大獲勝，而且在一〇年後的普瓦捷戰役（Battle of Poitiers）英軍再度獲得勝利（圖3-2），還擄獲了法王約翰二世，獲得龐大的贖金。

圖3-2　百年戰爭。1356年普瓦捷戰役

可是愛德華三世晚年時遭到了法國的進攻。為了籌措戰爭經費，他以取得同意課稅為目的而召開議會。在不斷召開議會的過程中，議會增強了力量，下議院與上議院會各自集會，議會制度正式步上軌道。

之後，一三六九年，愛德華三世失去了她最愛的王后菲莉琶（Philippa），他被悲傷所擊沉，而且健康也走了下坡，無法發揮指揮能力，除卻部分城市（加萊（Calais）、波爾多、布雷斯特

（Brest）、瑟堡（Cherbourg）等〕，幾乎所有大陸領地都被法國奪回。

缺乏戰爭經費的愛德華於一三七六年四月起到六月，召開了睽違兩年半的議會，議會嚴厲譴責腐敗的國王宮廷與國王評議會，重新任命評議委員，同時彈劾、下獄疑似貪汙的造幣局長，排除介入政治的國王情婦愛麗絲・普瑞兒絲（Alice Perrers）。這項改革性議會被稱做「善良議會」。

一三七七年，愛德華三世駕崩後，其孫理查二世（一三七七～一三九九年在位）於一〇歲的年齡即位，將實質上的權力委任給國王評議會。蘭開斯特公爵岡特的約翰（John of Gaunt）本就有強力的發言權，之後，反蘭開斯特公爵派獲得了開始親政的理查二世支援，與以岡特的約翰為中心的派閥相對抗，展開了宮廷鬥爭，政治變得混亂，國王也喪失了威信。

瓦特・泰勒農民起義

更嚴重的是國內的叛亂。中世紀金雀花王朝時，居住在城市的居民約有一成，其餘的全是農村居民（農民）。英國的人口在一三〇〇年當時約有五〇〇〇萬人，從十四世紀半葉起，因黑死病（鼠疫）屢次來襲而大幅減少。也就是說，在一四五〇年就減少至二〇〇～三〇〇萬人。

農村陷入勞動力不足的情況，這反倒成了改善待遇的好時機。土地的所有權出現流動，農業經營也獲得了改善。此外，還出現了一般所謂的自耕農（獨立自營的農民），盛行利用農業、技術的改革來生產商品。

在這期間中，理查二世時代圍繞著徵收人頭稅的問題而出現了暴動。許多反叛者都是窮人，他們反對加重負擔的新稅制，對聖職者約翰・博爾（John Ball）的教諭「亞當耕地，夏娃紡織時，誰是領主？」產生共鳴。

叛亂發生於英國各地，尤其集中於艾塞克斯（Essex）與肯特（Kent）郡，最具代表性的是發生在一三八一年的「瓦特・泰勒農民起義」。修葺平鋪磚瓦屋頂的工匠瓦特・泰勒帶領了艾塞克斯與肯特的勞動者與農民從坎特伯里前往倫敦，希望罷免政府高官與律師。他們到了倫敦後，毀掉司法紀錄，打開牢房，掠奪各家各戶。國王與大臣們紛紛走避，叛亂者搶劫了不受歡迎的貴族岡特的約翰（John of Gaunt）的宅邸，而且還殺死了坎特伯里大主教與幾名國王的僕役。

瓦特・泰勒他們也訴求經濟、社會改革。例如農民可以自己選擇雇主工作，也期望廢止農奴制，甚至領主制。六月十五日，響應號召的瓦特・泰勒與起事者和理查王見了面。他們的談話一開始是很友好的，但中途開始，氣氛變得很險惡，國王的忠臣斬殺了泰勒等人，砍了他的頭。國王也視廢止農奴制的約定為廢紙，約翰・博爾等二〇〇人左右的起義者也被處刑。即便如此，農奴制仍逐漸走向消亡，到了十五世紀就消失了。

這個英國史上首次的民眾起義，因為已經威脅到了既有的秩序，所以引起了統治階層的抗拒。對重視秩序、安定的英國來說，實在無法接受要求身分、階級平等化這類走在時代先驅的改變吧。

百年戰爭結束

理查二世沒有子嗣，其叔父蘭開斯特公爵岡特的約翰主張自己有王位繼承權，策劃讓自己的兒子繼任王位，但是他在一三九九年去世，理查於是沒收了叔父廣大的領土。可是理查去愛爾蘭時，叔父的兒子博林布魯克的亨利（Henry Bolingbroke）要求繼承王位，想奪回領地，於是組織叛亂軍，使國內陷入內戰狀態。理查晚年因施行暴政而不得人心，但亨利則獲得了支持，將國王囚禁於倫敦塔中（圖3-3）。接著亨利即位成為亨利四世（一三九九年～一四一三年在位）。可是理查二世繼承王位有正統性，亨利四世廢除他而成為國王的王位正統性則很不明確。

圖3-3　倫敦塔，起源於征服者威廉1世，是國王所擁有的重要城堡，也做為牢獄、造幣局之用（照片：123RF）

亨利五世（一四一三～一四二二年在位）於一四一三年繼承其亡父亨利四世的王位，在他的時代中，處於停戰狀態的百年戰爭再度燃起戰火。亨利五世在阿金庫爾戰役（Battle of Agincourt）大獲勝利，收回諾曼第、安茹，凱旋歸國。之後，戰況逆轉，法軍獲得蘇格蘭軍的援兵，反敗為勝，亨利五世於一四二二年死於痢疾。其子亨利六世（一四二二～一四六一、一四七〇～一四七一年在位）在出生後八個月即位，由亨利五世的弟弟貝德福德公爵蘭開斯特的約翰（John of Lancaster）攝政。

重要的英法戰爭，因聖女貞德的出現，勝利女神轉而向法國微笑，查理七世

（Charles VII）在法國舉行了加冕儀式。之後除卻加萊，英國從大陸全面性撤退。如此一來，在一四五三年，百年戰爭便結束了。

英國人因長期與法國人為敵、戰鬥，因而產生了愛國心以及身為英國人的身分認同感。其中，對守護聖人聖喬治的熱烈崇敬也起了很大的功用，而且也正因為失去了大陸的領土，作為島國，才有了明確的國境線能形成民族國家。而作為這民族國家代表的，當然就是君王與議會。

在這期間，上流階級平常所使用的法語衰退了，不僅從初等教育的課表中除去，家庭中也沒了法語教育。議會中的討論與議事從法語改成英語，用英語進行法庭上的辯論與判決也被訂為是義務。

玫瑰戰爭——無休止的互相殘殺

百年戰爭結束後的一四五三年，亨利六世的王后瑪格麗特生下子嗣，取名為愛德華。瑪格麗特輕視她不可靠的丈夫，許多貴族都推崇她為「蘭開斯特家的領袖」。另一方面，亨利六世的精神不安定，約克公爵理查成為攝政並引發叛亂。比起有「私生子」

傳聞的瑪格麗特兒子，他主張自己身上流有更濃的愛德華三世血液，更適合繼承王位。

約克派同心協力推舉理查，以沃里克（Warwick）伯爵理查德・內維爾（Richard Neville）為中心團結起來。全國二〇郡以及數百氏族都跟隨沃里克伯爵。相對地，國王（蘭開斯特）派則只有王后瑪格麗特統率著。前者以白玫瑰、後者以紅玫瑰為標誌，所以稱一四五五年以後橫跨三〇年的兩派戰爭為「玫瑰戰爭」（蘭開斯特派的紅玫瑰其實是在戰爭結束後才引用）。約克派堅持「亨利六世之後的王冠應該要讓給約克公爵的嫡長子愛德華，不是岡特的約翰的子孫（愛德華王子）」。

約克派贏得戰爭時，女中豪傑的瑪格麗特做出反擊。得到特赦的約克派變得有些畏縮，加上議會認定約克派的指導者是叛徒，約克公爵於是逃亡至法國。因勝利而驕傲自滿的瑪格麗特進行了徹底的搜索，處死許多約克派人。但是，她才沉醉在勝利的美酒中沒多久，接下來半年，蘭開斯特派就陷入劣勢，背叛者備出。一四六〇年六月，約克公爵從法國歸來，瑪格麗特的兒子愛德華王子放棄了王位繼承權。

之後戰況就像拉鋸戰般來來回回，情況瞬息萬變：約克公爵死亡、愛德華四世（一四六一～七〇、七一～八三年在位）加冕、亨利六世亡命蘇格蘭、愛德華四世與從前的盟友沃里克伯爵對立、亨利六世淪為倫敦塔囚徒、王后瑪格麗特糟到逮捕、其子被愛德華四世殺害、愛德華四世之子也就是十二歲即位的愛德華五世（一四八三年在位），被主教們認定為非婚生子、愛德華五世與其弟約克公爵理查被下獄於倫敦塔、他們狠毒的叔父理查三世（一四八三～八五年在位）被加冕為王……，在這風雨飄搖的期間，支持約克、蘭開斯特兩家的貴族世家們，不斷大量地被殘殺、處刑。

約克家內部也展開浴血的戰爭，連無辜者都被任意處刑。打著「為了安定王位」的口號，將即使只有一點點權力的候補者及其一族趕盡殺絕，實在是令人難以置信的暴行。

而岡特的約翰的玄孫，同時也是里奇蒙伯爵埃德蒙・都鐸兒子的蘭開斯特家的亨利都鐸，從逃亡地布列塔尼歸來，在一四八五年的博斯沃思戰役（Battle of Bosworth Field）中擊破理查三世，登基為亨利七世（一四八五～一五〇九年在位），開啟了都鐸王朝。隔年，他與愛德華四世的女兒結婚，如此，約克家與蘭開斯特家終於結合了。

可是即便如此，約克派依舊不滿而發動叛亂，圖謀讓沃里克伯爵登上王位，從愛爾蘭召集士兵，但是一四八七年六月，叛軍在斯托克戰役中毀滅，歷經三〇年以上的玫瑰戰爭終於終結。

玫瑰戰爭是英國歷史上時間最長的內亂，許多大貴族的世家都因此消失。在愛德華三世時代有八十六家的大貴族世家，玫瑰戰爭後大幅減少至二十九家。這代表主張有王位繼承權者的數目減少了，所以王權得以安定下來，讓國王、中小貴族以及一般國民相互結合，加速形成嶄新的國制。

這種大貴族間激烈的死鬥，對一般民眾來說是另一個世界的事，這是英國內戰的一個特徵，與法國等有很大不同，不會有殺害農民、都市民，或是破壞建築物的情況，所以導致了紳士以及自耕農階層的抬頭。

亨利七世的目標是不依靠大貴族來進行統治，以強化的國王評議會（國王親信所組成，由國王行使大權，透過這個媒介直接統治地方）為中心，聖職者、騎士、司法官、商人們也可以取得官職，以相應的能力，為政治服務。新創設星室法庭，在此審理不當的訴訟輔助、反叛、不法集會等，也使得國王權力更為增強。

可是國王並未無視議會，他共召開議會七次。十四世紀半葉起，貴族們的集會（上議院）與騎士、市民們的集會（下議院）是各自召開，進入十五世紀後，關於提供資金給國王一事，下議院是占優勢的。

國王在外交上很順利，與西班牙、法國締結了條約，維持友好關係。到了兒子亨利八世的時代，則迎來了媲美君主專制、國王強而有力的時代。

都市的商人與工匠

到此我們敘述過關於中世紀後半紳士與自耕農的興起，至於都市中商人與工匠們的情況又如何呢？

在以倫敦、約克為首的大都市中，從很早開始就施行了自治體制。十二～十三世紀以後，中小型都市也從國王、伯爵、主教等都市領主那裡獲得了自治權，可以選舉自己的市長，租稅徵收與都市法庭所做的裁判也獲得了認可。不過，都市法庭只負責民事事件以及較小的刑事事件，重大刑事案件還是歸國王法院管轄。

都市的中堅分子是商人與工匠，他們的組織是以同業公會為中心，肩負起都市政治的責任。不論是市長還是都市參事會，都是從他們的代表中選任。都市人口因陸續接受農村人口的移居而膨脹起來。

此外，英國在中世紀後半，據說有一〇〇多種職業。許多工匠不只製作製品，也是兼販售的小商人。其他不用說，也有仲介商這類低買高賣的商人，還有經手從遠地進出口業務的大商人。他們在船上堆滿了布匹、紡織品以及辛香料等，跨海通商的致富機會雖然很大，但也與危險比鄰。

城市中建造工作室的工匠們有紡織品業者、鞣革工、做鞋的工匠、木工、馬蹄鐵工匠、染布工匠、金銀細工師等。這些人聚集組成的兄弟會（fraternity）與同一職種的同業公會間，區別並不明顯。前者除了有共同崇敬的聖人並相互扶助，也會定期舉辦宴會，努力和睦相處。他們會舉辦各種活動，像是在守護聖人的節日中，為死去的人與現任會員舉辦彌撒、做其他宗教的祈禱、宴會、娛樂……等。此外，會員生病或貧窮時，大家會給出支援，其中也有兄弟會設置有免費看病的醫院。

同業公會是都市中相同職業的工匠與商人的集會，以規定各手工業以及買賣的社會性、經濟性為目的，制訂了同業的交易規則與排除第三者的介入、工作作法與商品品質管理，以及徒弟、工匠、師傅的權利與義務，但也有像兄弟會那樣宗教性的一面。同業公會與兄弟會早在一三〇〇年前就有了，十四～十五世紀則是黃金期。

十四世紀的愛德華三世時代，許多城市終於以自治市的形式而發展。主教城市（city）與可選舉議會代表的城市（Borough）另當別論，但不論何者都成了自由的自治城市，此外也能將議員送進國家議會中。這些城市會將負責徵稅的金額納入財務府，郡長官（sheriff）不會介入，但十四世紀發生黑死病引起經濟不景氣，也打擊到了城市的商業，小型城市停止自治，選擇歸入郡長官的統治之下。

愛德華三世時代末期，羊毛的出口減少了，取而代之的是國內毛織品工業的發展，出口至國際市場的毛織品增加了，倫敦、約克、新堡（Newcastle）等地出現了毛織品出口獨占商人公會。如此一來，在十四～十五世紀的都市中，便屢屢出現了與農村工業相結合的批發制生產，毛織品的出口也增加了好幾倍。變富裕的城市市民階層因而獲得了與農村紳士同等的地位。

我們大致看過了中世紀後期的城市商人、工匠的情況，但英國城市的性格與義大利以及法國全然不同。因為英格蘭早從盎格魯撒克遜時代末期就區分出郡（shire）來，由對國王負責的郡長官來治理。也就是說，城市與農村沒有差別待遇，即便市民階級有特權，可以免受國王稅官的直接管理，但除卻唯一的倫敦，與農村居民在社會上、文化上的差異是很薄弱的。

城市分成只有數十～數百人口的極小市鎮（town）、數千人口，為地方經濟・政治中心的郡都市（county town），以及超過一萬人如倫敦及約克等的大都市，出現了工業市、造船市、礦業市，增加了存在感。

不論何種城市，都是由對王室忠誠的紳士們形成寡頭政治（oligarchy）*，因財政上、軍事上的需要侵害了城市的特權，所以在英國，城市的自治沒有發展得如義大利或法國那樣。

羅賓漢傳說

圖3-4　收拾了林務官的羅賓漢

話說回來，最為人熟知的英國傳說，可與先前提到亞瑟王傳說並列的，應該就是羅賓漢傳說。如果說亞瑟王是王侯貴族的模範，羅賓漢正是民眾們的英雄（圖3-4）

我們今日所知曉的羅賓漢像，或許與中世紀傳說的法外之徒頗為不同。近年的傳說是根據十六～十七世紀劇作家所形成，但與此相對，在中世紀廣為流傳的是由minstrel（吟遊詩人）以歌唱口頭傳承的方式，留存在諸多的歌謠（韻文的歷史

＊註：一種政治形式，其中大部分甚至全部的財富、軍事力量等都有效地掌握在部分特權階級手上。

故事，一種說唱故事）中。傳說的起源不明，但咸認或許是在十四世紀前半。

在許多初期的版本中，是以一群活動在巴恩斯代爾（Barnsdale）的不法之徒們作為範本來想像。對於中世紀末期聽到敘事詩的民眾來說，羅賓漢是一個新英雄，亦即他不是古代宮廷風故事中的英雄騎士，沒有頭銜也沒有領地，是「自耕農」，而且他與他的跟隨者們，既是盜賊，也兼具有貴族的美德與作風。

在中央國家權力衰弱、地方行政腐敗之際，高貴的盜賊糾正惡行、實現正義的模樣受到了喝采。最初是庶民，接著到了十五世紀時也吸引了紳士階層、貴族，還有國王。

在初期（十五世紀）的故事中，羅賓漢既是自耕農出身，也是法外之徒，與同夥們等候著「客人」，誘請他們吃飯。他們在森林中召開宴會，歡迎身為「客人」的騎士（理查爵士），但卻露出了盜賊的本性，索要錢財。然而騎士說了自己的境遇：「我在馬上比武的比賽中殺了對方而被追趕，還有欠款。」此時羅賓漢受俠義之心所驅使，不僅借給他四〇〇英鎊，還讓他穿上騎士該有的稱頭裝扮，並借給他隨從。之後陸續發生了如下的場景：與仇敵代官決鬥、救出被捕的騎士、遇見變裝過後的國王、舉辦盛大的宴會與弓箭比賽、前往宮廷任職等。

從紳士到佃農，廣大階層都喜聞樂見這如此痛快的功勳。羅賓漢是位有德者，所以嚴禁同夥奪取金錢，而且他的目標是大家的敵人，都是讓庶民痛苦的高位聖職者、代官、法官等仗勢欺人者。另一方面，他深深敬愛著國王。他們只會單純地違反國有財產法而不會對王權兵刃相向。

十六世紀時，新創了好幾齣羅賓漢的戲劇，加入了帶著三隻狗的塔克修士這類滑稽可笑的登場人物，於五月的節慶上演出。國王本身也很期待這個節慶，尤其是亨利八世曾好幾次裝扮過羅賓漢，展示他的弓術。近衛兵們也曾穿戴綠色的服裝與頭巾，裝扮成羅賓漢一行人，在倫敦郊外的森林中，款待國王一行人。亨利八世的女兒伊莉莎白一世在登基前夕，也與十二名侍女以及二〇〇名穿著綠色衣服的自耕農，出發去倫敦近郊的森林獵鹿，並遇見了五〇名戴著黃色帽子、穿著深紅色長靴、帶著鍍金弓箭的射手。

在文藝復興時期王侯貴族們優雅的活動中，羅賓漢似乎也適應良好。之後，劇作家們也創作了新的羅賓漢戲劇，在近代，也有創作詩、地方民歌、音樂劇等。也有一則故事是，理查一世從十字軍回來後，因弟弟約翰統治了諾丁漢（Nottingham）的城堡而發怒、圍攻，而羅賓漢就侍奉於這位理查。

英王雖利用了亞瑟王的傳說，表示自己是貴族、騎士的代表，但應該也是想要利用與羅賓漢之間的連結，誇示國王才是庶民的代表。

第 4 章

確立專制主義與文藝復興

從亨利8世到詹姆士1世

——西元1509～1625年——

亨利8世

亨利八世的對外政策

亨利七世終結了玫瑰戰爭，之後他的兒子亨利八世（一五〇九年～一五四七年在位）即位，他是個聰明又活潑的君王，除了會打獵、進行馬上比武，還會打網球、摔角、射箭、打保齡球、投擲標槍等，是位運動萬能的國王，拉丁語跟法語也說得很流利，音樂方面造詣也高，還會作曲。

另一方面，他的殘酷也備受指責。他把六名妻子（圖4-1）中的兩名送上處刑台，並判處了大貴族、高位聖職者三位宰相共五〇人死刑，是位毀譽參半的國王（參照本章名圖）。

亨利八世即位後，英國被捲入大陸大國間的紛爭。他一方面與法國的路易十二世締結友好關係，也與跟法國敵對的亞拉岡王締結條約，加入羅馬教宗、神聖羅馬帝國皇帝們的「神聖同盟」後，也可看出他想對抗羅馬教廷的態度。

一五一三年，他親自率軍進攻法國。與法國有同盟關係的蘇格蘭王詹姆斯四世雖攻入了英格蘭，卻在佛洛登戰役（Battle of Flodden）中被擊退，戰敗而死。亨利因財政惡化，為與法國締結和平，便將妹妹瑪麗嫁給了法王路易十二世。

過沒多久，路易十二世就身故，法蘭索瓦一世（Francis I）即法國王位後，兩國的友好關係更進一步，於一五二〇年，雙方在法國的英國領地加來近郊，舉辦被稱之為「金衣會」（Field of the Cloth of Gold）的絢爛豪華慶祝宴會。不久，神聖羅馬帝國皇帝兼西班牙國王查理五世與法國起了干戈，亨利支援查理，入侵了北法，讓兩國關係再度惡化，但一五二五年就議和。

亨利甚至於《聯合法令》（*Act of Union*，一五三六年）中解體威爾斯公國，重新編入郡中，包含英國行政在內，自封為威爾斯王（威爾斯親王不是「國王」，只是「公爵」）。一五四一年，他將自己愛爾蘭勳爵（統治者）的頭銜改成「愛爾蘭王」，確立了愛爾蘭王國。

從這時候開始，他硬是強迫他國使用英語為通用

圖4-1　亨利8世的妻子們，從左起是第一任妻子阿拉貢的凱薩琳、伊莉莎白1世的母親安妮・博林，以及最後一任妻子凱薩琳・帕爾

語，既而隨著英國帝國主義的擴張，英語在全世界拓展開來。

在國內，亨利八世因與王后凱薩琳未生下兒子而焦急，他提出結婚無效，但他的妻子卻做出了反抗。無路可走的亨利雖向羅馬教宗提出結婚無效的請願，卻未獲同意。因此他在議會中陸續通過法律，徹底與教宗抗爭。

由於身兼是樞機與大法官的托馬斯・沃爾西（Thomas Wolsey）沒有回應亨利的期待，亨利於是在一五二九年起用了以虛構的社會小說《烏托邦》（*utopia*）而聞名的湯瑪斯・摩爾（Sir Thomas More），並以湯瑪斯・克倫威爾（Thomas Cromwe）為助理。後者起了非常大的作用，但之後還是和前者一起被亨利處刑了。

同年，亨利召開了「宗教改革國會」，與羅馬教廷斷絕關係。一五三三年，他從坎特伯里大主教那裡取得結婚無效的批准，同時發布上訴限制條例，廢除臣民向羅馬的上訴權，聖職者也得受英格蘭國王的法庭審判。

一五三四年，亨利推出《至尊法案》，讓自己成為英格蘭教會唯一的首長。在此，英國實現了宗教改革，切斷了教宗與英格蘭之間的聯繫，成立了英國國教會（英格蘭教會），國王本人成為其領袖，在宗教界產生一大變革。國王甚且毀壞許多朝聖地、解散修道院，沒收其土地。修道院成了莊園大屋，沒了去處的修士獲得了年金，也有人結婚。

亨利脫手賣掉沒收來的宏大修道院，並用那些錢沿著海岸修築了好幾座城堡網。購入賣出修道院土地的是新興的紳士階層。他們成為土地領主而興起，獲得了太平紳士*的職務，負責地方的行政、司法。在商業上獲致成功而有了財富的市民階層，也因為有了土地而進入紳士階層。

可是英國人信仰的實際情況，並沒有因為與羅馬斷絕關係、宗教改革，而立刻出現極大的變革。他們與德國馬丁・路德或是法國喀爾文的宗教改革不同。或許可以說他們是直接將天主教與政治分離了。然而這讓英國人的集體性記憶大為變樣，讓他們深深懷念起過去曾經的幸福時期，於此誕生了新的歷史意識，同時，十六世紀的英國人似乎也感受到了危機感。

即便如此，英國的宗教漸漸變得和天主教不一樣。一五四五年，英語取代了拉丁文被定位為儀式的語言，亨利八世的第三位王后珍・西摩（Jane Seymour），其子也就是下一代的國王愛德華六世（一五四七～一五五三年在位），更改革了基本的禮拜方式，

*註：源於英國，由政府委任民間人士擔任維持社區安寧、防止非法刑罰及處理一些較簡單的法律程序的職銜。

從教會撤去、廢止主祭壇、基督及聖人像、聖遺物箱、聖職者的法衣、內部裝飾、蠟燭、香，還有捐贈禮拜所、兄弟會、行會等，也禁止了聖人崇拜、隨身攜帶玫瑰念珠，以及為死者的靈魂祈禱等。

亨利八世晚年再度對蘇格蘭、法國開戰，雖在蘇格蘭取得了勝利，但對法國之戰時，因與神聖羅馬帝國查理五世的合作瓦解，所以並不順利。漸漸地，他的健康也惡化，於一五四七年死去。

也有一說是：「亨利八世是很殘暴的國君，精神狀態並不正常」，但就決定英國歷史與之後發展方向這點上來說，他是偉大的國王，也很受歡迎。他一邊看重、利用議會，一邊重新組織課稅，建立由國王統治的體制。

這時代，貴族勢力衰退了，以前議會是以上議院為中心，所以下議院獨立出來，並且想基於共同法而擁有審議諸懸案、立法的機能。宗教改革時期的議會，確認了國王若未獲議會的承認，就不能發動任何一點強權。國民所有階層都沒有對王制本身有不信任或不滿，若國王確實有在守護著國家、幫助國民，就允許其隨心所欲。

《至尊法案》與《禮拜統一法》

於早逝的愛德華六世之後繼位的是，亨利八世與第一位妻子凱薩琳生的女兒瑪麗（一五五三～一五五八年在位）。這位瑪麗一世曾經是天主教徒，她否定了父親的宗教改革，復活了羅馬教宗的至上權，還將英國史上第一位「女王」（許多史家不承認她是正式的君主）珍・葛雷（Jane Grey，圖4-2）為首，以及新教（因宗教改革而從天主教分離的新教徒）的主導者們，包括坎特伯里大主教、倫敦主教、伍斯特（Worcester）主教、牛津及劍橋兩大學的神學者、聖經的英文譯者等，總計三〇〇人，全都送進了倫敦塔處刑。

圖4-2　珍・葛雷在愛德華6世死後被捲入政爭中，16歲即位，僅9天後就被瑪麗廢位、處刑

她因為如此殘虐而被人懼怕地稱為「血

腥瑪麗」。她本身繼承了西班牙人的血統，與西班牙王子腓力（Felipe，之後的西班牙國王腓力二世）結婚，四年後，在沒有子嗣的情況下亡故。

接續登基的是亨利八世第二位妻子安妮・博林（Anne Boleyn）的女兒，伊莉莎白（一五五八～一六〇三年在位）。她的母親因通姦被廢並處刑，她也因此成了非婚生子女而被剝奪王位繼承權，但一五四三年，又恢復了權利。

當初女王本想讓天主教與新教講和。她修改了父親的《至尊法案》，禮拜採用英國國教會的方式，在教會制度層面上，回歸到維持主教制的天主教式傳統。

可是最後，她以新教為支柱來鞏固王權。伊麗莎白一世於一五五九年法制化、公布了《至尊法案》，在國王的國教會中不使用「最高領袖」（Supreme Head）這稱號，而是改成了即便是女王也較少人排斥的「最高統治者」（Supreme Governor），對所有英格蘭官員附加一個義務——發誓對國王效忠。

同時頒布的《禮拜統一法》中，命令臣民參加國教會的禮拜以及要使用公禱書。這是一五五二年愛德華六世發布的法令，卻因瑪麗推廣天主教而撤廢，但伊莉莎白再度發布這項法令。其命令了要以規定的形式，執行節日的典禮以及每星期天的彌撒，連聖職者的服裝都有規定，禮拜強調了其獨特性。

此外，於一五六三年做成的「三十九條信綱」中，標示出英國國教會教義的大綱。大綱經主教會議討論，由上下議院修正後通過，其中內容受到新教諸派各式各樣的影響。

於是，伊莉莎白一世的教會體制明顯偏向新教，否定天主教之長羅馬教宗，將崇拜聖畫像當成「偶像崇拜」挪走，定期舉行新教的講道。這動向也牽涉到了英國將法國（與西班牙）置於敵對位置，在英國，將天主教視為「敵人」的風潮正愈形擴大。

不過，英國雖說是「新教」，但其實是更世俗性或者說是更政治性、屬於英國自己的宗教。因此，英國國教會也是天主教與清教徒（Puritan，主要是喀爾文派）對立。此外，與英國北方接壤的蘇格蘭不同，蘇格蘭成立長老派（清教徒的一個宗派，制度是由牧師與信徒代表中的長老平等治理教會）教會，並一直持續到現在。

伊莉莎白時期的文藝復興

伊莉莎白一世在宗教面確立了國教會，在內政上完成了從祖父與父親就開始的專制主義*，至於在外交面上，則達成了輝煌的海外發展。可是在今日，最令其名聲輝煌的，是在文化面上開出了文藝復興這朵花。

伊莉莎白一世的母親安妮・博林於一五三六年被控與五個男人通姦，亨利八世下令，將安妮與那五個男人一起處刑。可是多虧了亨利的第六位王后凱薩琳・帕爾（Catherine Parr）讓不是自己孩子的愛德華王子與伊莉莎白公主接受了最好的教育，讓伊莉莎白累積有優秀的涵養。她擅長拉丁文、希臘文、法文、義大利文，與各國使節論爭時不需透過口譯，獲得了不少尊敬。

圖4-3　伊莉莎白1世

以伊莉莎白的宮廷為中心，出現了英國文化的黃金期，她還會穿著相稱的豪華衣裝，出現在公開場合（圖4-3）。

那麼我們在此來看一下英國文藝復興的成果吧。之前已經介紹過，湯瑪斯・摩爾在伊莉莎白父親亨利八世的時

*註：專制主義（Absolutism）指一種政府形式，統治者不受憲法或其他法律的規定所約束。

代，以人文主義學者而聞名。他雖然因修習法學與古典研究而得到國王信任並成為大法官，但他始終反對國王的離婚問題，因此被關入倫敦塔中處刑。他的著作《烏托邦》的第一部，論述了因暴君與私有財產而造成的社會危害，第二部則寫出了沒有那些危害的理想國，那裡有著宗教上的寬容、勞動時間六小時、共產制、男女能平等接受教育等。這成了之後烏托邦文學的模型，也影響了社會主義者的思想。

伊莉莎白時代，正是開始製作常設劇場以取代街頭藝人臨時舞台之際，於倫敦就修建了一〇處以上。劇團也雇用了專屬的團員，重振戲劇的繁盛。在伊莉莎白與接下來的詹姆士一世（**James I**）時代中，無數劇作家在此活躍而且表現突出。其中最卓越且知名的就是威廉・莎士比亞（一五六四～一六一六年）。

在莎士比亞所有作品中，幾乎都有國王登場，而且很多都是主角。莎士比亞寫作戲劇作品的時代，是國王被神格化卻又非常忙碌的時代，所以其作品確切濃厚地反映出了當代國王觀以及對此的疑惑。

莎士比亞的作品書寫了，從正統國王那裡奪取王位、為國王亡靈而苦惱、痛苦得夜不成眠，又或是苦惱於貴族們支持正統國王而反叛。他的著作《亨利八世》（*Henry VIII*）中，國王身為偉大的人物，有著光芒萬丈的存在感，但性格特徵卻多面而模糊不清。相反地，書中預言了最後即位、剛生下來的伊莉莎白燦爛輝煌的治世，可以窺見他理想化了伊莉莎白的時代。

與莎士比亞同年代的作家克里斯多福・馬羅（Christopher Marlowe）。他於二十九歲被刺殺身亡，作品很少，卻留下了傑作。他以帖木兒的一生為題材，創作了戲劇《帖木兒大帝》（*Tamburlaine*），故事內容是，同名的主角不斷做出殘忍的行為以擴大國土、獲取權力，但因最愛的女子死去，深感世間無常而死。《浮士德博士悲劇》（*Doctor Faustus*）是以浮士德傳說為本所寫的悲劇，浮士德在做學問時碰到瓶頸，於是與惡魔梅菲斯托費勒斯（Mephistopheles）締約，過著享樂的每一天，但最後為了贖罪，迎來悲慘的結局。

詩人兼大劇作家的班・強生（Ben Jonson）生於莎士比亞稍晚，他也因身為古典學者而為人所熟知。他的喜劇尤為出色，像是《脾性人各不同》（*Every Man in His Humour*）《福爾蓬奈》（*Volpone*）和《鍊金士》（*The Alchemist*）等都很知名。他所撰寫的是幽默喜劇的類型，可以看到他毫不留情地揭露市民們愚鈍又慾望深沉的性格與生活。因為遵守古典規範，也有人批判他人物很僵化、遠離現實。

我們還應該要注意的是，從十六世紀末到十七世紀，還創作了將伊莉莎白女王神格化的神話世界。愛德蒙・史賓賽（Edmund Spenser）的作品《仙后》（*The Faerie Queene*）為其代表，透過仙女的世界講述道德寓意，而伊莉莎白女王正是「仙后」格羅麗婭娜〔Gloriana，同時也是在第三卷中登場的貝兒菲比（Belle Phoebe）〕。

在這時代打造出來的王宮、貴族住宅中的庭園也成了文藝復興文化的小宇宙，別出心裁的幾何學設計相互爭豔著。

海盜女王

伊莉莎白時代還有一點應該特別提出。英國雖然參加開拓大航海時代新世界的時間比西班牙以及葡萄牙還要晚，但因其海軍軍力增強，很快就取得了優勢。然而雖說是海軍軍力，其實主力竟然是非官方的「海盜」。海盜橫行的年代是從十六世紀後半起到十七世紀初期。

海盜行為中，國家或者是國王所公認的稱「私掠」。身為君王，單是默認海盜規模擴大這點就很不負公共責任，那雖是個人任意妄為的情況，實際上也可以說是國家策略。

這是歐洲各國利用的手腕，但很多時候，他們是受有反政府一方的支援或是有商業團隊的後援。然而在英國，海盜簡直是獲得了國家的認可，其特徵還是頻繁且大規模的進行。伊莉莎白女王時代尤其是全盛期，之所以能與西班牙對抗，原因就在此。

具體來說，海盜法蘭西斯・德瑞克（Sir Francis Drake）不斷襲擊掠奪大西洋上堆滿財寶的西班牙船隊。他在一五七七～一五八〇年，掠奪了大量西班牙從殖民地運來的金銀財寶，但女王卻視而不見。

當時，新教國家的荷蘭為反抗西班牙統治而向英國求助，因此女王於一五八五年終於派遣軍隊協助荷蘭。西班牙的腓力二世（瑪麗一世前夫）本計畫要侵略英格蘭，但於一五八八年時，卻反被德瑞克所擊垮。

一五八八年，德瑞克從後方侵襲、砲擊了被稱為「無敵艦隊」（Armada）的西班牙一百三十幾艘戰艦，使之陷入恐慌。西班牙艦隊北上蘇格蘭周邊，卻遭受到強烈暴風雨襲擊，喪失了五十三艘戰艦。之後，制海權就從西班牙轉移到英國手上，後者也因此進行北美殖民。

這些海上的壯舉，雖不能說是一個國家的公共事業，但卻很有意思。亦即，在公私不分中，私人的海盜行為有了大貢獻。因為這些事情，敵方的西班牙指責說「伊莉莎白女王是海盜」，連其他國家也跟著這麼說。有趣的是，英國自己卻自豪地高呼「女王是海盜」。至於法蘭西斯・德瑞克則被稱呼為是「女王陛下雇用的海盜」。這些海盜行為代替了正式國家海軍的私掠，也彌補了貿易上的蕭條。

之後，戰爭型態改變，私掠成了過去式。一六四九年，在由奧立佛・克倫威爾（Oliver Cromwell）所建立起的共和制時代中，英國正式成立了國家海軍作為「常備軍」。

伊莉莎白一世確立了英國國教會的同時，啟用了許多通曉經濟、中產階級出身的政治家，引導英國走向繁榮。尤其是威廉・塞西爾（William Cecil），他身為國務、財務大臣，四〇年間一直支持著女王。

在外交上英國利用海盜，總算反擊了法國及西班牙的威壓，但接二連三的戰爭漸漸成為重擔，經濟上也經常出現危機。貧者愈貧，農作物歉收與疫病並起，都市中滿是流浪漢與失業者。於是，政府制訂《濟貧法》（*English Poor Laws*）來濟助公民，並一直持續到十九世紀。這是伊莉莎白輝煌時代的另一面。

蘇格蘭以長老宗為國教

那麼，在這個時代，英格蘭與蘇格蘭之間的關係又如何呢？兩方長時間靜靜地對峙著，但都鐸王朝英格蘭以絕對王權為目標，想將宗教置於國王地位之下，因此平穩的關係出現了變化。兩方都互相掠奪、彼此殺戮，加深了對立。

女王伊莉莎白一世與支持她的宰相威廉・塞西爾，以剷除天主教蘇格蘭女王瑪麗・斯圖亞特（Mary Stuart）為目的，趁著新教叛亂，侵入並占領了蘇格蘭南部。並在一五六〇年一二月締結《愛丁堡條約》（*Treaty of Edinburgh*）。因著這個條約，圍繞著蘇格蘭而紛爭不斷的英格蘭軍與法軍才從蘇格蘭撤退，宗教上的內亂也才有了了結。

在這樣的情況中，從十三世紀起就持續著的老同盟（Auld Alliance）*才被廢止。蘇格蘭否定了羅馬教宗的權威，也禁止以拉丁文舉行彌撒，天主教的影響大為減弱。十六世紀半葉，接近於喀爾文派，以約翰・諾克斯（John Knox）為主的長老宗抬頭，打造了

*註：指歐洲中世紀時期蘇格蘭與法國之間長達兩個多世紀針對英格蘭的同盟關係。

蘇格蘭國教會，於是蘇格蘭終於走上了新教之路。

之後，蘇格蘭與英格蘭也偶爾會互動干戈，因為一次王位繼承的偶然，一六〇三年，蘇格蘭與英格蘭有了共同的國王。

惡魔學者——詹姆士一世

一六〇三年，伊莉莎白女王去世後，詹姆士一世（一六〇三～一六二五年在位）戴上王冠。他的母親就是被伊莉莎白處死的蘇格蘭女王瑪麗・斯圖亞特，也是伊莉莎白的表姪孫。這是斯圖亞特王朝的開始。他曾為蘇格蘭王（當時為詹姆士六世），後來成為英格蘭王詹姆士一世。英格蘭、蘇格蘭、愛爾蘭三個王國，前所未有地有了同一個國王。

如此一來，三個王國就成了共主邦聯王國，這被評為是在十八世紀邁向實現統一的里程碑。然而即便如此，三者的歷史各異，宗教上也是，蘇格蘭雖說是新教，但是長老宗（喀爾文派），英格蘭是英國國教會，愛爾蘭是天主教。

詹姆士一世並沒有統一長老宗與英國國教會，而是讓它們分別並存。可是這樣的態度讓天主教覺得被背叛，於詹姆士即位兩年後的一六〇五年，士兵蓋・福克斯（Guy Fawkes）所率領的天主教激進派擬一個計畫，想要趁著在議會舉辦開幕式時，炸死國王與其周圍的人，肅清新教貴族。可是這個陰謀，在進行前幾小時，就被叛徒曝光了。

詹姆士奉行絕對的君權神授說，所以與議會對立。他在一六〇九年的議會演講上說：「國王在地上所行使的權力是類似於神的，所以也可以被稱為神。」之後還說了些像是「不論多偉大的人，都應該要服從君王，不論是想拯救靈魂還是要守護生命財產，都不應該反抗擁有至高權力的君王」，或是「君王擁有生殺大權與取捨組成、廢棄臣民之權，只對神負責」等，不斷進行議會演說並寫書信給下議院，也好幾次論述到自己的著作。國王降低了議會的地位，自己則站在了法律與議會的特權之上。

可是議會暗示要以不繳納從國王領地處收來的地租給王室作為抵抗。當時的議會主體是紳士與州騎士等，所以議員們都想避免議會與都市的自由被限制住。

其實詹姆士也是「惡魔學者」。他除了學習喀爾文派的教義，也透過了法國惡魔學者布丹（Jean Bodin）的著作等，熟知惡魔的力量與女巫的手段。一五九〇年，他二十四歲的時候，曾出席在蘇格蘭港口北伯立克（North Berwick）舉行的女巫審判。在那裡，他聽到了接受殘忍無比拷問的「女巫」終於自白了罪行而感到歡喜。在某巫婆的安息日（女巫集會）中，惡魔說自己（詹姆士）是這世上最大的敵人，他對這番話幾乎高興得要哭出來。之後，他出現了妄想，認為這世上有很多女巫，而有好些人都和這些女巫同謀，企圖殺死國王。

詹姆士本身寫有《魔鬼說》（*Daemonologie*，一五九七年）這本著作。其中陳述說：「英國成了新教時代，比起宗教改革前，屬於惡魔手下的女巫以及妖術師似乎變得更多了，而天主教徒想和這些人聯手攻擊新教徒。所以被神授與王權的國王，才應該鎮壓、肅清女巫」。

詹姆士有著如此極端的王權觀，並且受到英國教會神學者以及聖職者們的支持，牛津大學的神學教授等也對他帶有好感。在支持對抗天主教以及清教徒的議論中，他們似乎忘記了國王本身成了暴君這件事。

其實，前一任的伊莉莎白一世也很恐懼女巫，在她統治時，發布了一條法律，訂定施行魔法妖術為重罪。而實際上，在英格蘭，伊莉莎白及詹姆士時代，獵巫行動進入高峰期。對女巫以及妖術的信仰，也產生一種效用，就是把各個宗派的基督教統整起來，給人一種統一性的基督教共同體的形象，以在革命中存活下來。此外，英國人在十七世紀中也寫有許多惡魔學的文獻。

紳士抬頭

但是，說起英國，就會令人反射性地聯想到「Gentleman（紳士）之國」。紳士的本意並非只是單純的「舉止斯文有禮的人」，他們是地主階級，在鄉村地帶還擁有廣大土地、房產。那麼，像是這樣的紳士，到底是在什麼時候、怎麼形成的呢？

Gentleman這樣的用語是來自於「Gentry」（鄉紳）。鄉紳本來的身分是指平民，但後來成為自耕農（獨立自營的農民）之上的地主，在各自的地方社會都起到了重要作用。他們擔負的主要任務是維護郡以及其下的村（hundred）的治安，十三世紀後半葉，被編入中央政府全國性治安維護機關中，到了十四世紀，下級法官的治安判事權被制度化，他們就擔任了那個職位。

在都鐸王朝時期，他們成了地方行政的主角，也進出中央議會（下議院），與貴族一同成為統治階級。比起像是貴族那樣的身分、法律上的定義，他們更具備了人望與經濟實力，搭建豪華氣派的宅邸，有相稱的禮節、品格，最後被認可獲得徽章，有了事實上的認證、社會評價。

不久之後還加入了知名的律師、聖職者、醫師以及富裕的商人也加入鄉伸階層。當時有爵位的貴族只有一二〇人，所以鄉伸占了上流階級的大半（約二萬人）。

名士雖有Gentry的社會性尊崇，但另一方面，「紳士」這個稱呼則是把焦點放在有做到與地位相符的社會性義務這一面上。他們是預備軍人，可以隨時接受召集守護國家。他們的特性是平常不親自勞動，而且認為：「若做了粗俗的工作，將有辱身分」。

圖4-4　士在農村的宅邸，「鄉村別墅」的一例

他們和貴族一樣重名譽，為了國家、為了地方，會參與政治、行政、司法事務。

他們的行動原則是「名譽」，之所以想獲得郡長官職以及治安行事職這類沒有報酬的地方官職，是為了透過為公家機關效勞而獲得名譽。他們重視敬稱與遣詞用字，一定會嚴格遵守在餐會或公開的禮節性場所的地位順序。沒有進行這類公開活動的期間，也就是一年中的大半，他們都悠遊地居住在鄉間。白天享受打獵或騎馬活動，晚上就沉迷於開舞會、音樂會、假面舞會上。

這類紳士的群體之所以會擴張，是在十六世紀時，加入了新興的商人階層以及富裕化的佃農。可是在一六八〇～一七四〇年左右，土地集中到爵位貴族以及紳士最上層大地主的手上，一般紳士的所有地就減少了。

而且到了十八世紀後半，貴族出現了衰退的傾向，相對地，因第一次工業革命而致富的工業資本家獲得了土地，加入了紳士的行列。而為因應生活所需，他們除了雇用總管、執事、女管家、女僕等上級庸人，也雇用了許多下級庸人。此外，比起擁有土地或強調血統，他們更重視行動上的「禮貌」，因此產生出新的紳士概念。

受認可的階級社會

在此，請各位試著思考一下英國階級社會的形式。歷經十六～十七世紀到近世，這情況變明確了，因此很適合在這裡提出討論。

在歐洲諸國，沒有一個國家像英國這樣身分差別固定化的。當然，其他國家從以前也一直有身分制，在中世紀歐洲全境，有三種身分論（祈禱者、軍人、工人）。但即便如此，英國邁入近世後就獨自進化了。

十六世紀的社會理論家一般將社會分為四個階級：紳士（紳士階級）、市民（資產階級）、自耕農與工匠，以及工人。此時，貴族仍位在紳士的頂點。四階級中紳士的人數很稀少，相對地，領薪水的工人、學徒與家僕、農業勞動者則占了人口的八成。各階級都被視為有獨特的性格、德性，而且都被固定住，和職業一樣，幾乎沒有改變、選擇的餘地。英國國教會也告訴大家，作為神的意志、宗教上的義務，這是神聖的。在十八世紀，從位居頂點的國王到底層的臣民，都以更詳細的身分、職業，區分出階級。

這個「階級」會（應該要）毫無隱藏地全部顯現在生活與行為舉止上。歷經十六～十八世紀，各階級的明確外觀就出現了。首先在住宅的大小、裝飾上會反應出階級，住宅尺寸簡直就是資產的指標。

天花板的高度以及窗框的材質（石頭是紳士、木製類是自耕農）也不一樣。貴族的宅邸特別是其炫耀之處，其中的家具、食器、室內裝潢、地板與天花板的材質、裝飾品等都象徵著他們崇高的地位。連寢具都有嚴密的區分，紳士是羽絨床墊、自耕農是羽毛、一般農夫是毛屑、勞動者是麥桿。椅子的種類形狀以及蠟燭的材料等，家中各式各樣的物品都有階級別。從語彙上看，差異也很大，從英文的重音與說話方式就可以分出出生門第與階級。

即便商業很發達，對國家繁榮來說是不可或缺的行業，但個人要確保社會地位，一貫的就是「擁有土地」，十六〜十八世紀，下議院近八成的議員都是地主菁英。說到內閣的閣僚，到了二〇世紀初，還是世襲貴族的大地主。軍人與官僚、教會與法界的高層也都是如此。

當然，現在已經沒了階級制度，但還有此意識形態，而且令人吃驚的一項事實是，許多英國人至今仍認同這樣的階級差別。勞動者、中產、上流階級，甚至各自都以自己的出身為榮。因此，不是有錢就是「上流」。在英國，所謂的社會秩序，就是尊重法律、習俗與階級的差別。英國的階級制度，或是貴族主義，是在漫長歷史中，依經驗而形成的產物，而不是靠有差別性的政治或軍事力所帶來的結果。換句話說，是由民主所形成的。位居階級頂端的國王，其存在也是如此。

這樣的國民性也很接近「相稱、適切」這樣的旨趣。不管階級如何，他們都能自豪於是禮儀做法正確的國家，這正表現出了貴族制、階級制的優雅，可以看做是全國民典雅一面的反映。

貴族的權威、信用，在電視傳播網中，迄今仍有很大的力量，連不是貴族、紳士的人都相信著：「希望由他們身為領導來統率國家，為此他們才經受了多年的訓練。」正因為有他們的存在，菁英才不卑俗，才守護了民主主義與自由主義的根本意義。也就是說，階級制度是民主主義的基礎，但很多人都想反了。

現代的英國，只有一部分人在過著窮盡奢華的生活，另一大半民眾都被艱辛的生活壓得喘不過氣，失業者也成山成堆。其中也有英國人對英國的階級社會感到苦悶而移居澳洲或美國。即便如此，還是有許多人說：「階級真棒」，真是個不可思議的國家。

《救貧法》與怠惰的窮人

那麼國王在這樣的貴族社會、階級社會中又有什麼樣的立場，又或者說該採取什麼樣的立場？身為王室一族，雖然起初是來自外國的「陌生人」，但也是打造這個國家階級制度與階級意識的源頭。國王是階級社會的頂點，國王以身作則表示出血統的重要性，同時也受到少數貴族們支持以推行政治。而且國王是英國社會所有榮譽的根本。

一五〇〇年左右起歷經三〇〇年，英國改變很大，在階級社會下發展為國家，亦即大不列顛（指包含英格蘭、威爾斯、愛爾蘭、蘇格蘭等帝國），而且國運昌隆。在繁榮至極、蓄積許多財富的國家中，有多餘心力的階級不會對窮困者置之不理。

十六世紀以後，英國社會持續實施了各種貧民對策。最初是基督教式的慈善觀，也就是基督徒們會捐錢給窮人，以乞求靈魂上的救贖。這個道理是，有錢人只要拯救窮人，窮人就會用祈禱作為回禮，最後，有錢人的罪會被救贖，縮短待在煉獄裡的時間。因此這是互相的義務，也是連帶有調和社會的思想。

從這種基督教式善行開始，最終轉變成不可抗力的、對貧窮者法律上的救濟，而非出於自身的責任。一五三六年，亨利八世的宰相，也就是前文出現過的湯瑪斯・克倫威爾制訂了新法律：「應處罰怠惰的貧者，並讓他們去工作，只救助生病或年老而無法工作的窮人。」那時候，許多市民都是募捐者，會參加著慈善活動。大半的募捐者都捐贈了二便士以下非常少額的金錢。一五六〇～一五七〇年代，在諾里奇（Norwich）與艾克希特（Exeter）的試驗，成了初期英國救貧對策的代表。艾克希特打造了每週一次的捐款機制，負責人員會向小教堂區住民募集捐款，再分配給貧困者。

濟貧法行政被正式化是在伊莉莎白時代，契機是在一五六八年以及一六〇一年所發布的《伊莉莎白濟貧法》（*The Elizabeth Poor Law*）。依據這個法制，無法工作的貧民可以稅金救助，但能工作的貧民就強制讓他工作，讓貧民子弟肩負出任契約勞工的義務，並委任各教區的教區委員以及貧民監督官負責。

菁英們雖會讚美勞動，但他們自己並不勞動。正因為有勞工階級的勞動，國家才富裕繁榮，紳士階級也才能獲得生活必需品。因此若怎麼強迫勞工，勞工也不肯工作，可是很傷腦筋的。

濟貧法謳歌著要撲滅貧困，而最好的方法就是強制勞動。即便要訓練、強迫勞動者也要讓他們工作，相對的，也有刑罰規定改善待遇等要求。即便如此，若還是有人無法接受矯正，就在他的左肩烙上R字，判處他進行強制勞動。在救濟院中，監督官甚至會做出羞辱他們的行徑，像是鞭打、銬上手鐐或腳銬等。

觀看之後的救貧法會發現，雖然在一六六二年、一六九七年、一七二三年、一七八二年、一八三四年都有制訂新的法規，但全都是在重複一五九八年與一六〇一年的理念，也就是「對於怠惰的貧困者，要加上罰則，強制其工作來代替保護」。

我不由得認為，在這貧者對策與濟貧法中，也表現出了階級社會不好的一面。

第 5 章

革命帶來的結果

從查理1世到喬治3世

——西元1625～1820年——

在不列顛內戰被斬首的查理1世

處死國王，不列顛內戰

十七世紀，可以說是英國史上最騷動不安的年代。一六二五年，詹姆士一世去世後，其子查理一世（一六二五～一六四九年在位）即位。他和其父王一樣，奉行斯圖亞特家傳統的君權神授說，表現出專制主義的君主風格。此外，他是英國國教會的新教徒，卻也和法國天主教徒的公主亨麗埃塔・瑪麗亞（Henrietta Maria）結婚，也與喀爾文教派起紛爭。

查理在對法國及西班牙的戰爭都以失敗告終，議會雖認可了要繳納稅金（內帑）*給國王，但附加了只限一年的條件。憤怒的國王解散了議會，將反對者下獄，迫使他們負擔借款。然而隨著戰爭費用增加，國王不得不召開議會，但議會於一六二八年提出《權利請願書》（*Petition of Rights*），主張不認可國王未經議會同意就進行課稅與任意抓人下獄的作法。這份重要文件也被稱為是中產階級的「大憲章」。

---

*註：指國庫裡的錢。

可是，清教徒所執掌的議會與國王形成尖銳的對立，倫敦主教威廉・勞德（William Laud）與國王聯手迫害清教徒。這時候，除了國王身邊非常親近的諮詢機關樞密院（國王評議會於一五三〇年代重新編制而成），出現了大臣們聚集在一起的「內閣評議會」。勞德在一六三三年成為坎特伯里大主教，為了想引入天主教式的裝飾與莊嚴的儀式，而將委員送去全部的堂區，遭受到了清教徒的指責。另一方面，查理在十一年內都未召開會議，而是要求忠誠心深厚的貴族＝騎士盡勞動義務、向開拓荒地（但以前是國王領土）的人徵收罰金，以應付資金上的短缺。

可是，一六三五年，查理不僅在海岸都市，還想在內陸徵收船隻稅，因而更引起了反感，無可奈何下，查理於一六四〇年召集了議會，但因國王與議會對立，只開了三個星期就被解散了。蘇格蘭軍進軍、占領了北英格蘭，查理對此雖有對策，但因軍費不足，所以同年又不得不召開議會。議會一直持續到一六五三年，之前的議會被稱為「短期議會」，相對於此，這次的則被稱為「長期議會」。

查理被賦加義務，每三年必需召開一次議會，而且未經議會同意不得解散。開罰侵略國王領土的土地所有者是違法的，造船稅也要廢止。議會提出了激進的抗議文《大抗議書》（*Grand Remonstrance*，一六四一年），要求處死給國王出主意的斯特拉福德

（Strafford）伯爵，以及議會可以限制國王所有的皇家特權，結果，英國國內全體分裂成了議會派與國王派而陷入內戰（一六四二～一六五一年）。最初是國王派占優勢，但奧立佛・克倫威爾（Oliver Cromwell）率領鐵騎兵在各地擊破了國王軍，形勢因而逆轉，國王被逮捕，並且被判處斬首。這就是「不列顛內戰（清教徒革命）」。

克倫威爾成立共和制

一六四九年三月，王制與上議院被廢止，在奧立佛・克倫威爾管理之下，英國出現了史上首度共和制。查理一世的兒子，也就是之後的查理二世，他雖與蘇格蘭結盟並反擊，卻被克倫威爾擊敗並逃亡。

克倫威爾既是議會派領袖也是護國公＊，但他同時也是思想狹隘的基本教義派，他視各種娛樂為罪惡，禁止市民從事娛樂活動，關閉劇場，從星期六的晚上十二時到星期一凌晨一點，不准人民進入小酒館（居酒屋）。雖說是「共和制」，實際上是以軍事獨

＊註：為英格蘭貴族（常為攝政王）或國家元首有時會持有的一個頭銜。

裁硬性要求的清教主義，但只有克倫威爾假裝自己是國王，住在豪華宮殿享受。

一六五八年，克倫威爾死後，其子立刻辭去了護國公一職，一六六〇年五月，來到了查理二世（一六六〇～八五年在位）王政復辟時期。

不列顛內戰時斬首了國王，因此被評價為是「打倒專制主義的市民革命」，但另一面，卻也是英國歷史上最大的汙點。這場內戰驗證了清教主義、基本教義與英國不合，以及作為英國政治體制的共和制沒那麼簡單就能扎根，在這意義上，也成了一大教訓。

但是，即便歷經不列顛內戰，英格蘭對愛爾蘭殖民的熱情仍舊不減，甚且更為狂熱。克倫威爾前往都柏林就任總督，致力於殘虐的暴行，虐殺、餓死了六〇萬居民。

他還將香農河（River Shannon）以東的肥沃土地賜給對英格蘭忠誠的人（發誓對英國議會效忠的清教徒），把敵對者趕到香農河以西一帶山區的貧瘠土地。同時他也著手對愛爾蘭人的歷史做「記憶抹殺」，關閉學校，驅逐、虐殺知識分子、藝人、工匠，並更進一步做出焚書、破壞作品的行為。

擴大殖民地政策

此外，這個時代的英國與法國兩國接續之前西班牙、葡萄牙之後，為了國家的工業發展與蓄積財富，努力想要獲得殖民地與貿易據點，這點也要留意。

從十七世紀左右起，英國與其他國一樣採用了重商主義。由國家有組織的掌管生產與交易，確保並蓄積從殖民地取得的金銀、產品，藉由給予特許證與認可獨占性的公司以推進特定工業，在經濟競爭上取得最後的勝利。一六五一年的《航海法》（*The Navigation Acts*）就是貿易保護主義（限定英格蘭船隻才能英國殖民地進行貿易）的宣言。英國的目標是想順著這波潮流獲得殖民地，並從中取得金銀、商品。

英國陸續在北美東南部建設殖民地，在加勒比海從西班牙那裡獲得了牙買加，殘酷地驅使來自非洲的黑奴，經營農業，透過生產砂糖獲得了絕大的利益。而且英國也開始進出亞洲，在印度打造據點。

王政復辟

查理二世與他的父親不同，性格開朗放縱，被稱為「歡樂王」。在他的時代，曾是荷蘭殖民地的北美新阿姆斯特丹成為英國所有，並改名為紐約，其他還有迎娶了葡萄牙王約翰四世的女兒布拉干薩的凱薩琳（Catherine of Braganza），並透過她確保印度的孟買與摩洛哥的丹吉爾（Tanger），建構起大英帝國的基礎。

查理赦免了除殺國王以外的敵對者，明確約定給予宗教自由。臨時議會恢復了國王的實權，上下議院的權限也回復到以往。可是國王因為關照天主教而遭受英國國教會保守派的反對。而受到委託的議會，於一六六一年的《地方自治法》中限定市鎮村的職員只能是國教徒，隔年訂定《統一法》（*Acts of Uniformity*），命令所有聖職者都要使用公禱書，許多聖職者都因反對而辭職。

一六六五年的《五英里法》（*Five Mile Act*）趕走了非國教徒的聖職者，禁止他們靠近教區五英里以內，並且在一六七三年成立《檢覈法》（*Test Act*），於之後很長一段時間，都將天主教徒從公職以及大學教育中排除。

在查理的統治下也發生有鼠疫流行（一六六五年）與倫敦大火（一六六六年）等悲劇，但經濟仍順利成長。不只農業、商業交易愈漸興盛，煤鋼業也急速繁榮起來。

然而，查理二世雖有許多庶子，卻沒有嫡子。一六八五年，國王亡故後，他不受歡迎的弟弟詹姆斯二世（一六八五～一六八八年在位）即位。他破壞了即位前的約定，讓和自己一樣是天主教徒的人擔任重要職務，而且在一六八七年發表「信仰自由宣言」，停止歧視、處罰天主教徒以及非國教徒的清教徒們。

同時，反對詹姆斯繼承王位的人在議會中成為了輝格黨*，反對排除血統不純正的詹姆斯繼承王位的人，則成了托利黨。托利黨以貴族為中心，較多是奉行國教主義的保守派，另一方面，輝格黨中幾乎都是城市的商人或企業家，還有部分紳士為主，屬於進步派，以限制王權與取得宗教寬容為目標。

*註：輝格一詞的來源是「驅趕牲畜的鄉巴佬」（whiggamore），用以消遣好勇鬥狠的蘇格蘭長老會信徒，是政敵對輝格黨員的歧視語。

光榮革命

一六八八年，詹姆斯二世的兒子出生，因為之前發布的信仰自由宣言，提高了天主教徒坐上英國王位的可能性，由此導致了國民的不滿。因此有七名新教徒大貴族站了出來，他們請來了詹姆斯的女兒瑪麗，和她的夫婿屬於新教徒的荷蘭護國主奧蘭治（Orange）公爵威廉（William，查理一世的外孫）。瑪麗是新教徒，他們夫妻帶了五萬士兵來到英格蘭，在幾乎沒有遇到抵抗的情況下就登陸了，詹姆斯受到驚嚇逃亡到了法國去。一六八九年，瑪麗與夫婿威廉一起舉行了加冕儀式成為國王，這就是「光榮革命」（圖5-1）。

圖5-1　瑪麗2世與威廉3世

瑪麗二世（一六八九～一六九四年在位）與威廉三世（一六八九～一七〇二年在位），在一六八九年於記載著議會與人民權利的《權利宣言》上簽名，並發布為《權利法案》（*The Bill of Rights*）。這份法案打破了英國風格君主立憲制的傳統，像是國王沒有法律的停止權，內政委任給議會；沒有議會的同意，國王徵稅、維持常備軍等行為都是違法的……等等。

此外，國王每年都要召開議會，在軍事、財政面上需服從議會，也確立了要從兩個政黨中選出大臣，透過議會實施政府與黨的政策，事實上，這就是議院內閣制的開始。國王因為外交上的需要，所以接受了政黨政治。

同樣在一六八九年也頒布《寬容法案》（*Toleration Act*），認可了非國教會的清教徒也有信仰自由。他們在政治及教育上的權利變得幾乎和國教徒一樣。一七〇一年的《王位繼承法》（*Act of Settlement*）規定，英格蘭國王「只限於新教徒且承繼斯圖亞特家血統者」，成為近代立憲制度的基礎。

那麼，如此一來，從「王室英國」的立場來看，英國歷史上的大事件——這兩個「革命」，又處於什麼樣的地位呢？首先從《大憲章》開始，愈發確立了國王的行動會受到議會制衡，重要的是受到法律、制度的保障。國王的權限受到制約，無法隨意濫用。國王被要求定期召開議會，而國王為了確保財源，就必需全面性地依靠議會。

此外，歸納了關於身為英國（人）的身分依據也是在這個時代。其象徵是由議會決定：國王僅限於是新教徒（國教會），將天主教視為國家仇敵的宗教方針也是同樣的。法國（與西班牙）被視為是天主教最大的後盾。以一六六六年發生的倫敦大火為首，在那時候盛行出版的便宜三流報紙上散播著各種災難都是天主教幹的好事的流言。在所有新教徒之間，有一種想法愈來愈膨脹——自己是被神所選上的特別存在，所以不能輸給既是怪物也是惡魔的天主教徒。

西班牙王位繼承戰與成立大不列顛王國

繼威廉三世之後的是詹姆斯二世的次女安妮（一七〇二～一七一四年在位），因為其姐瑪麗女王夫婦沒有子嗣。

與安妮女王統治時期幾乎同時展開的是西班牙王位繼承戰爭，因著英國司令官馬爾博羅（Marlborough）公爵的活躍，英軍與法軍的對戰連戰連勝。一七一三年，在《烏得勒支和約》（*Peace of Utrecht*）中，英國除了獲得直布羅陀與梅諾卡島（Menorca），還得到了獲得非洲黑奴的權利。

此外，安妮女王是作為新教徒被養育成人，在宗教上沒問題，所以可以成為在一六〇三年成為共主邦聯的英格蘭與蘇格蘭女王。

可是其實，蘇格蘭與英格蘭的紛爭，在成為共主邦聯後仍跨越國界持續著。蘇格蘭感覺上是被押著打的，尤其是在不列顛內戰的一六五一年，克倫威爾攻進了被視為是國王黨派的據點，在光榮革命中，斯圖亞特王朝正統的詹姆斯二世被流放及廢位也帶來了衝擊。

一六九〇年代，蘇格蘭因為飢荒，出現許多死者，與英格蘭合併的優點顯露了出來，趁此機會，西敏議會在一七〇七年中通過、簽訂了英格蘭、威爾斯與蘇格蘭的《1707年合併法案》（*Acts of Union 1707*），於是一直持續到今天的大不列顛王國就成立了，成為名副其實的一個國家「英國」「聯合王國」。安妮女王就任，成了值得紀念的第一位君主。

之後，蘇格蘭人也和英格蘭人、威爾斯人一同成為「同一個議會」的議員，稅金也交付給「同一個國家」。當然，蘇格蘭的議員數不滿一成，發言權很小，所以他們也有不滿。此外，雖說是合併了，審判制度、教會制度以及其他部分法律制度卻都不一樣。

英國國王本身一定要是國教會的新教徒，也擔負了議會制訂法上的義務——將英格蘭國教會與蘇格蘭國教會（長老派）一同「視為神聖之物而擁護、保護之」。英國國王是英國國教會的「最高統治者」，雖然大主教、主教、助理主教、首席牧師等主要聖職者是由首相的建議下而任命，但在蘇格蘭國教會，國王不是最高統治者、只有耶穌是蘇格蘭國教會靈性上的至尊。

詹姆斯黨（Jacobitism，為了讓在光榮革命中失去王位的詹姆斯二世以及其男係子孫就任王位而活動的人們）在成為斯圖亞特王朝復辟運動中心地的蘇格蘭高地（Scottish Highlands）進行了一些謀劃，持續動搖著英國的政治局面一直到十八世紀中葉。來自法國與西班牙的詹姆斯黨乘著搭載著軍隊的戰艦而來，與部分氏族勾結串通，占領了愛丁堡，也侵入英格蘭。一七四五年，詹姆斯二世的孫子查爾斯斯圖亞特，受到羅馬教皇庇護，從大陸前往蘇格蘭西岸，在赫布里底群島（Hebrides）登陸，準備奪取王位這是最後的大事件。

之後，英格蘭的掌權者們為了弱化蘇格蘭的民族主義而想讓他們放棄傳統文化。他們禁止蘇格蘭人穿著蘇格蘭花呢格紋及吹風笛，還徵兵蘇格蘭成年男性，讓他們參加帝國軍。賦予部族長們土地所有者的地位，部族長為了將土地變成更有利益收穫的牧羊地，奪取了農民的土地，使他們一窩蜂地移往美國或加拿大。

此外，工業革命初期，蘇格蘭工廠增加了勞工，規模雖小，但也讓亞麻製造蓬勃發展。至於格拉斯哥（Glasgow）與愛丁堡等大都市要走上成長的軌道，則一直要等到十八世紀末。

議會內閣制的發達

安妮女王在一七一四年去世後，因為沒有子嗣，王位繼承人成了一大問題。就血緣上來說，她有個異母弟弟詹姆斯正在法國流亡，但他是天主教徒，所以議會不允許。話說回來，一七〇一年的《王位繼承法》規定了「繼承斯圖亞特家血統者，具體來說只有詹姆斯一世孫女漢諾威（Hannover）選帝侯妃（索菲）的直系卑親屬才有王位繼承權」。而且繼承者要是英格蘭國教會的信仰者，並且必須發誓要擁護英格蘭國教會。

因為這樣，作為繼安妮之後的下一個君王，索菲的長子漢諾威選帝侯喬治就雀屏中選，成為了喬治一世（一七一四～一七二七年在位）。可是喬治幾乎就是個「德國人」，不太會說英文，對政治也沒興趣。理所當然地，他把政治事務交給了大臣，也常缺席了內閣會議。前述的輝格黨與托利黨，在此提升了作為兩大政黨的實力素質。

國王特別偏愛輝格黨，讓羅伯特・沃波爾（Robert Walpole）就任實質的首相（第一財政大臣）。在他任內，內閣也發展出一個原則——依賴下議院的勢力。行政權歸屬內閣，內閣則要對議會負責，議院內閣制就此發展起來。

沃波爾到一七四二年為止當了二十一年的首相。身為首相，他主導政治，奉行和平主義，認為戰爭只是在加重不必要的花費。他首先整頓了因投機風潮導致的股價暴漲、暴跌的混亂〔也就是所謂的南海泡沫事件（South Sea Bubble）〕，實施振興商工業政策，農業上普及「諾爾福克四圃輪作式」（Norfolk four-course system）*並推廣第二次圈地運動，增加穀物生產，其結果就是戲劇性的改善了財政狀態。

之後的喬治三世時代，內閣制雖一度衰退，但這個時代，也的確因著托利與輝格兩黨的二大政黨議會制而使得責任內閣制有了發展。即便國王想介入政治，若沒有首相的同意、議會的承認，幾乎是辦不到的。

即便如此，我們也不能疏忽國王還是有相當的力量。雖然不能干涉議會選舉、閣員、陸海軍士官的選任，但仍有影響力，擁有公告宣戰及停戰的權利，以及召集、解散議會的權利。甚至有權限能指定貴族、主教、法官、外交官，決定特赦犯人的也是國王。

*註：十八世紀開始出現在歐洲的一種穀物種植制度，將所有耕地劃分為四個耕區，在四個耕區內分別種植蕪菁、大麥、苜蓿和小麥等作物，每年依次輪換。

國王是德國人

喬治一世是個粗俗的軍人，不僅沒有親和力，也缺乏政治的手腕，當然不可能受人歡迎，但是對其治世的評價，一般都認為是相對平穩的時代。

其子喬治二世（一七二七～一七六〇年在位）也是出生在德國的武鬥派，是最後一位會親自率兵上戰場打仗的國王。隨著不斷參與奧地利繼承戰爭、七年戰爭以及與法國間的戰爭，在喬治二世的治下，大英帝國大為擴大，韓德爾作曲的國歌《天佑吾王》（*God Save the King*）*，響徹了廣大的世界。

順帶一提，現在的英國王室是從喬治一世開始的漢諾威王朝直系。英國在第一次世界大戰中與德國為敵，所以王室將姓氏改成了英國風的溫莎，並沿用至今。從喬治一世起到四代後的威廉四世也兼任德國漢諾威王，王后是德國一系的王族，維多利亞女王的

*註：是女王在位時則改為《天佑女王》（*God Save the Queen*）。

丈夫阿爾伯特（Albert）也是德國人，德國係的血統到現在仍非常濃厚。總之，從威廉一世起，幾乎都是「法國人」的英王，從喬治一世起，就成了「幾乎都是德國人」。

平民喬治

接下來的喬治三世（一七六〇～一八二〇年在位）出生於英國，母語也是英文。但最初，他因夢想著復興君主專制而接連失策，在政治上，則因血緣及姻親的緣故變得跋扈，逐漸步向腐敗。即便如此，在他的時代，因打敗了法國而終結自一七五六年開始的七年戰爭，加拿大的魁北克、佛羅里達、法屬印度都成了英國所有。此外，英國在一七五七年印度東部的普拉西（Plassey）戰役也獲得了勝利，強固了對印度的統治權。後面會再提到，一八〇一年，大不列顛與愛爾蘭也合併了。

然而，一七七五年發生了美國獨立戰爭，一七八三年結束後，一七八九年又爆發了法國革命。而且喬治三世因為遺傳疾病紫質症所苦，於一七八八年出現了精神異常。

在這段時期，政治是由一七八三年時年僅二十四歲的首相威廉・皮特（William Pitt，小皮特，他父親是大皮特）執牛耳。他採用了亞當史密斯流的自由主義經濟政策、與法國締結自由貿易經濟協定、努力縮減國債、取締走私等，因而有了一定的成果，他同時還改革了東印度公司（以與亞洲貿易為目的，於一六〇〇年設立，也從事殖民地經營的特許公司）以強化國家的監視、統管，也強化了對加拿大的管理。可是法國革命後，因與法國間長期的戰爭，使得英國財政的重建化為烏有。

然而，喬治三世比之前的一、二世還受歡迎。他背離了先王們的期待，與先王想要避開一般庶民的目光相反，三世努力讓民眾看見自己的好。自他的時代起，與國王相關的節慶數與規模一口氣增加了，在百姓面前展露國王愉快開朗的模樣，也有助於安定國內秩序與提升打仗士兵的士氣。

尤其是在一七九七年十二月，為紀念英國海軍贏了荷蘭、法國、西班牙各艦隊而在聖保羅教堂舉行感恩節時，國王在超過二〇萬名群眾的注視下，華麗地行進在倫敦大道上。他出了王宮，去森林與農場閒適地散步，也與一般市民交談（圖5-2）

圖5-2　直爽的喬治3世

當時正值報紙等媒體普及，所以滿足了人們對王室的好奇心。

一八二〇年在英國國內發行有三〇〇份以上的報紙。喬治三世沒有架子，他展示在眾人面前的形象是重視家庭且誠實的丈夫、父親，同時也是無法抵擋疾病與老年的無能為力者，因此讓百姓感到很親近，也有把他比喻成是質樸農夫的諷刺畫。他還被取了「農夫喬治」「平民喬治」的綽號。

深受國民愛戴的喬治三世於一八二〇年亡故。

殖民地戰爭、與法國對立

漢諾威朝，尤其是在喬治三世的時代，英國被捲入了對外戰爭中，還加上了為獲取殖民地的競爭。就像前面說過的，自歷經光榮革命，國家的性格定下來後，英國的對外政策，基本就是「反法國」。一直持續到十九世紀初期的拿破崙戰役，其粗暴的結果就是「第二次英法百年戰爭」（圖5-3）。

同時，也務必要注意圍繞著爭奪殖民地而起的殖民地戰爭。英國將法國人逐出了印度、西非、西印度群島等法國植民地，除了和法國之間的戰爭，從一七八〇年代末起也將澳大利亞與紐西蘭確保為自己國家所有。不少人妄想在這樣的新殖民地上一下子發財相信有新的可能，但同時這些地方也是放逐囚徒或麻煩的回國士兵之處。

之後，英、法兩國持續作戰，在拿破崙戰役（一七九六～一八一五年）中，一八〇五年時，納爾遜（Nelson）司令官的海軍在西班牙南邊海岸特拉法加（Trafalgar）打敗了法國海軍，一八一五年威靈頓（Wellington）在比利時的滑鐵盧獲得勝利，拯救了英國。英國的國際勢力愈來愈大，透過非洲、印度、東南亞，統治了加拿大，及從迦勒比海起到澳洲、紐西蘭一帶，簡直成了五大洲中最大的大帝國。

圖5-3　高舉拿破崙的首級，反法國的諷刺畫

「英國國民」的形成

琳達・柯莉（Linda Colley）是現代英國的歷史學家，她說，統整從一七〇七年訂定英格蘭、威爾斯與蘇格蘭合併的《合併法案》到維多利亞時代正式開始的一八三七年為止的歷史，在這時期中，英國人形成了「英國國民」的認同感。

有助促成這份國民意識的，最重要的就屬與法國間約一三〇年斷斷續續且熾烈的戰爭（西班牙王位繼承戰、奧地利繼承戰、七年戰爭、拿破崙戰役與其他）為代表，與法國有根深蒂固的敵對情感。

也就是說，在創造出英國人與法國對立的國民意識同時，英國也創設了英格蘭銀行、有效率的建立全國性財務系統與巨大的軍事機構，而且與法國的敵對同時也是新教對天主教的宗教戰爭，不單純是政治家與貴族間的問題，唯有獲得大眾同意而且靠著他們積極的努力才能應對危機，這點正是在這個時期中，不列顛居民合而為一個「國民」的根本原因。

不論是在文化上或是在民族上，性質都不相同，總是不安定而搖擺著的身分認同，終於「自我定義為是：對抗世界最強的天主教國，危在旦夕仍在戰鬥的新教徒」。用較長點的時間間隔來思考這點，或許必須稍微做出點相對化的說法，因為當時英國的仇敵是法國，反法國文化、社會可說是近代英國文化及社會風氣型塑的重要促成力量。之後，英國持續與法國對峙，在殖民地競爭上獲勝，到了十九世紀，便構築起「不列顛治世」（**Britannia Pax**，在英國統治下所帶來的和平）、大英帝國。

英國新的發展地已經不是像蘇格蘭、威爾斯、愛爾蘭那樣，屬於島國的延長。英國人所直接面對的新課題是，如何治理不是白人也不是基督徒的人所居住的廣大土地。

愛爾蘭的走向

那麼自十二世紀亨利二世的時代起就被收歸統治之下、可謂英國最初殖民地的愛爾蘭情況又如何呢？

不列顛內戰後，新教的英格蘭人鎮壓了天主教的愛爾蘭人，許多貴族都亡命到大陸去。剩下的愛爾蘭人在新教的英格蘭人地主的統治下，作為農業勞工而被榨取，在貧窮中痛苦掙扎。而且一六九五年制訂了《天主教刑罰法》，在教育以及職業面，訂下了極大差別的制度。

愛國主義者們受到法國革命的影響而叛亂（一七九八年），大不列顛王國對此感到恐懼，於一八〇〇年制訂了《聯合法案》。這麼一來，愛爾蘭王國與不列顛王國就合併了，隔年的一月一日，成立了大不列顛和愛爾蘭聯合王國。雖然也有愛爾蘭議會的議員因此舉威脅到自治而反對這法案，但總之還是成立了，愛爾蘭在合併後的英國議會中獲得了一〇〇以上的席次。

可是之後愛爾蘭也屢屢以土地問題與自治問題為中心而策劃擺脫英國。從不列顛內戰到一八二九年的天主教解放令為止，歷經了百數十年，愛爾蘭持續被壓迫、差別對待，民族固有文化幾乎被破壞殆盡，僅有一小部分人暗中悄悄守護著。之後對立一直持續到現代，英國與愛爾蘭仍時有紛爭。

英國淑女喝紅茶

另一方面，在亞洲擁有擴大殖民地的英國最熱烈追求的就是紅茶。除了以印度為據點，還從清朝（中國）輸入茶葉，之後則在印度以及錫蘭（斯里蘭卡）*尋求適合栽培的自然環境。

其實，引進茶葉（紅茶）也與國王和王室相關。之所以這麼說是因為，不列顛內戰後，坐上王位的查理二世於一六六二年迎娶的王后（葡萄牙國王約翰四世的女兒凱薩琳）把摩洛哥的丹吉爾（Tangier）與印度的孟買當成嫁妝帶過來，同時也將自己喝紅茶

*註：一九七二年之前都稱錫蘭，後才改為斯里蘭卡。

的習慣傳入英國王室。

紅茶在當時是高價品，連王侯貴族都難以喝到，但王后一天卻喝好幾杯，也以高價的紅茶招待前來她住處薩默塞特府（Somerset House）訪問的貴族與紳士們。下一任的女王瑪麗與威廉夫婦也從母國荷蘭大量進口紅茶，而且瑪麗的妹妹安妮女王也養成了早餐一定要喝紅茶的習慣。

因和王室有來往而得知了紅茶美味之處的紳士們，逐漸也想在自家喝紅茶（圖5-4）。可是這風氣並不是立刻廣泛地普及開來。最初紅茶是用來當作治療感冒、眼疾、潰瘍、痛風、結石、腸胃病的藥，或是防腐劑用，到進入十八世紀之前都是奢侈品。十八世紀初期以後，紅茶消費量急增，在一七二〇年躍居為進口品的第一名。一七六〇年，占東印度公司總進口額約四〇%，一八世紀末，不分性別、年齡、身分，一年總計會消費一～二磅（一磅＝約〇・四五公斤）以上的紅茶。

圖5-4　19世紀，享受紅茶的上流階級

紅茶也改變了英國人家庭生活與社交方式。自一六六〇年起的幾十年內，咖啡比較受歡迎，咖啡館很興盛，但之後，即便是在咖啡館，人們也很常喝紅茶。咖啡館以市民階級為主，是能讓男人們超越階級、職業，單手拿著咖啡或紅茶與人交談、議論的社交場所，但卻不是屬於女性的地方。

然而，從十八世紀初期起，本是半調子的家庭內飲茶習慣一口氣擴大了，女性反而成了主角。早餐時在家喝，午後在某人家聚集朋友、熟人享受下午茶。好喝的紅茶是女主人大顯身手的好機會，而午後的茶桌上也是談話與交換情報的場所。如此一來，紅茶成了與啤酒並列的國民性飲料。自一七二〇年代起，咖啡館一蹶不振，相對地，出現了喝茶庭園，在其中可以散步，或是邊欣賞各式各樣展品與建築物、風景，邊享受喝茶。

下午茶的習慣是從一八四〇年左右第七代貝德福德公爵（Duke of Bedford）夫人安娜開始的。紅茶與貴族性、高貴相連結，泡紅茶的方法與飲用方法被認為是在表現上流社會良好的禮儀、規範與教養。下午三～六點左右，喝茶時搭配夾了奶油的麵包或糕點的習慣就是起源於此。

這種從貴族宅邸開始的習慣，也漸漸傳到中產階級以及勞工之間，但上流階級的人們會透過準備方式、泡茶細膩的動作、器具、紅茶品質等來顯示自己的優越性。

之前稍微提過一些，英國國內的紅茶需求量增加，而墨西哥停止了供給白銀，使得銀價飛漲，無法付出足夠的金錢給中國。因此英國大量增加在印度生產的鴉片，直到一八三〇年，共輸出一五〇〇噸的鴉片給中國，以此獲得大量銀幣，再透過東印度公司去購買中國的茶葉。這惡毒的陰謀引起了中國清朝政府的反抗，於是在一八四〇年爆發了鴉片戰爭。

十九世紀，英國人開始在殖民地印度、錫蘭，以及東南亞栽培茶樹。印度東北部以及喜馬拉雅山麓的阿薩姆（Assam）地區最是重要，他們活用了當地茶樹的特長，種出比中國產茶葉更香、顏色更濃、英國人喜歡的茶葉。搭配上砂糖與牛奶，使魅力倍增。

啤酒與琴酒

但是十七世紀以後的英國人也並非只喝紅茶。從酒吧的盛況可得知，啤酒受歡迎的程度與之並列。

我們試著稍微來回溯下歷史吧。從中世紀時代起，飲用啤酒的風氣就很盛。將大麥的麥芽放入水中烹煮，把過濾後的液體加入酵母發酵就能做成了。修道士是製作啤酒的能手，農民們也各自會在家中製作。生水很不衛生，對身體不好，所以取而代之的，人們大多都是喝啤酒。

從十三世紀後半到十四世紀，兼讓人住宿的小旅館飲酒屋——啤酒屋（Alehouse）在都市中林立，成了庶民的娛樂場，但也因成了賭博或賣淫、犯罪的舞台而衰退，取而代之所興起的，就是被稱做酒館（Tavern）的居酒屋。居酒屋數量上雖不及啤酒屋，但以富裕階層為目標而成長，十六～十七世紀時最是興盛。當初雖只提供葡萄酒，之後也賣起了啤酒。

宮廷中似乎也消費了大量的啤酒。啤酒消費尤其在亨利八世以及伊莉莎白一世的時代特別突出，宮廷的貴婦們在早餐會喝上一加侖（約四・五公升）的啤酒，也同樣會提供佣人一加侖或半加侖的啤酒。伊莉莎白一世的酒量很好，從早上就會喝一夸脫（約一・一三公升）的啤酒，但卻從不曾因此而心亂不安。

對英國人來說，啤酒是補充營養的一種飲食，被認為適合用來打造樸實剛健、強壯的體魄。他們認為，「若像法國人那樣總喝葡萄酒，就會墮落，耽溺於享樂的生活」，所以限制了葡萄酒的進口。「啤酒對身體很好」，所以都市的體力勞動者也會大量飲用。十八世紀，倫敦港灣的勞工們，一天會喝上六品脫（約三・四公升）的啤酒。

那麼，對英國人來說，若「好酒」的代表是啤酒，「壞酒」的代表就是琴酒。琴酒主要是從荷蘭進口，在國內也有蒸餾，但有很多粗製濫造的。可是「壞酒」琴酒卻大為流行。貧困者或是體力勞動者，為了忘卻一天的疲憊或每日的辛苦，就會想要喝酒精度數高、容易醉，而且又便宜的酒。為因應這樣的需求，到處都開設了骯髒又粗野的琴酒店。

當然，飲用過度而造成危害的琴酒店變成了不良場所，成為社會問題，因此，一七三六年發布了《禁酒法》（*Gin Act*）。一七四〇～一七六〇年代政府也強化了對琴酒店的干涉、規範。之後一直到十九世紀初，也訂立了許多法律，或設立協會，以防範琴酒帶來的不良影響。

威廉・賀加斯（William Hogarth）是生長於倫敦的諷刺畫家，他畫有《啤酒街》（*Beer Street*）和《金酒小巷》（*Gin Lane*）這兩幅對照的作品（圖5-5）。前者描繪了用啤酒慶祝國王喬治二世生日的人們，畫出了從事各種職業的倫敦庶民們充滿生機的開朗生活。與之相對，後者則畫出了飲用大量琴酒而墮落、疲憊的庶民們陰暗悲慘的光景。因琴酒而酩酊大醉的人、中毒死的人……似乎在高呼著，那簡直就是地獄的飲料。

圖5-5　賀加斯的《啤酒街》（左）和《金酒小巷》（右）

從圈地運動到工業革命

在此我們也來看一下工業的部分。十五世紀後半起到整個十六世紀，比起供給羊毛，英國更成了生產毛織品的工業國。而身為地主的紳士們，從農民那裡奪取了農地，包含公地在內，圈起了柵欄，做成了羊隻們的牧場，這稱之為「第一次圈地運動」。隨著以擴大海外市場為目標而興盛的毛織品生產，農民們離開村莊，成了製造業（工廠制手工業）的雇用勞動者。另一方面，紡織廠家管理了諸工程的一切，成了新資本階級的骨幹。

可是農業並沒有因此衰頹。十七世紀時農業的資本主義式經營、商業性穀物生產很興盛，持續到十八世紀後，因「農業革命」而使得糧食的生產大幅躍進。

一七〇一年開發了播種鑽土機，可以沿著直線，播下計算好分量的種子。此外還引進了被稱為諾爾福克四圃輪作式的荷蘭農法，直接在田中耕種栽培好的豆科植物，富饒了土質，提升了農產品的生產性。冬天則是栽培蕪菁，將之當成家畜過冬的飼料。託此之福，既能養肥家畜，一整年也都能獲得新鮮的牛奶與奶油。

為了更有效的實行這種新農法，又再度進行了圈地。從一七六〇年代到一八二〇年代為止，盛行「第二次圈地運動」。這次，地主、農業資本家矚目於提升穀物價格，他們將開放耕地（共同耕地）圈地、私有化，讓農業勞動者工作，以生產商品化的穀物。

受這波波圈地運動以及提升設備、機械化浪潮所影響的失業農民中，很多人都離開了農地，流入擁有煤礦或工廠的新興工業地帶。這與各種發明、技術革新相關，造成了從十八世紀中到十九世紀的工業革命。

雖然從十八世紀中期起英國就以棉織品為主，進行了工廠制機械生產，但利用煤炭改善了蒸氣機關後，就能進行大規模的工廠生產。美國供給了大量的原棉，在一八三〇年前後期間，英國成了「世界工廠」，產出世界主要工業生產的近五成。大型工業都市，例如伯明罕、曼徹斯特、利物浦、里茲、雪菲爾等作為新的經濟中心而興起，人口倍增，在十九世紀初期約達到一四〇〇萬人。

作為實現工業革命的技術革新、發明，確立了利用焦炭的煉鐵法、整頓交通網（運河・道路）、因蒸氣機而擴張鐵路網等，尤其出現了很多關於紡織物業的發明。例如有飛梭（Flying shuttle）*、珍妮紡紗機、水力紡紗機、走錠精紡機、蒸汽紡織機，織布工們感受到工作會被這些新發明給搶走的危機，發起了搗毀機械的運動（盧德運動），並在一八一一年迎來高峰。首謀者被嚴厲法辦，或是被判絞刑，或是被送去澳洲。農村中也進行了盧德運動，破壞打穀機、放火、引發其他暴動，稱之為斯溫暴動（Swing Riots）。

在這種暴動背景下，工業革命的結果是都市人口遽增（占十九世紀初期全部人口二〇%，中葉是五〇%，到了一八八一年則占了三分之二），但勞工的狀況反而惡化了，他們所面臨到的困境有工作時間長、工資低下、為失業與疾病所苦。據說勞動者的四分之一都罹患了傷寒。

英國在美國獨立戰爭時雖嚐到了屈辱，但在推進工業化、都市化，以及擴大作為消費地的殖民地上，取回了自信。可是英國此時不是只有光明面，勞工們悲慘的景況就可

*註：工業革命早期紡織工業化中的一個關鍵發明，它使得一個紡織工人可以紡織更寬的布，並可實現機械化。

見一斑。此外，在這工業化的時代，中產階級取代了貴族，成為推動社會的主體。

圖5-6　工業革命時的格拉斯哥。開通格拉斯哥＝嘎恩克爾克間的鐵路

美麗的庭園

誠如先前所述，英國在十八世紀以後，陸續擴大了殖民地，帶回豐富的物資，因著工業革命，都市化、工業化也一口氣有所進展。即便如此，或許該說正因為如此，增長了英國人對自然的喜愛。這點表現在他們對庭園的喜好上。

雖說是庭園，但形式有很多種，從在倫敦市內占地廣大的公立（皇家）公園、紳士鄉村別墅（位於農村的宅邸，參考圖4-4）附屬的庭園，到庶民家的庭園。但所有庭園的共通點都是經過費心打造。

打造庭園的方法依時代而有不同的風潮。例如可分為「風景式庭園」或是「自然庭園」。從伊莉莎白一世統治時期到十七世紀，大眾偏好「整形庭園」。這種庭園的打造主旨是以法國凡爾賽宮為最佳範本，以幾何學式秩序建成，目標是極致的人工美。

從十八世紀起，後者大受歡迎，將實際上眼睛所能看見的自然風景融入庭園中，可以看出，用曲折的道路、水道以及不對稱的花草樹木配置，取代了直線與左右對稱（圖5-7）。可是過於新穎的歪曲並不討喜。

圖5-7　義式風景庭園的一例

王侯貴族也會打造大規模的法式庭園或裝飾性的義式庭園，但紳士的鄉村別墅庭園比較小些，喜好活用自然的趣味。避免左右對稱，配置林蔭道、草坪、石沙庭園、瀑布、矮樹林、略微高起的小丘、花牆等，大家都對在花牆上移植四季當令的花草、樹木等樂此不疲，競相表現自己的品味。費點功夫將精心修飾的自然美打造為自然的模樣是最有趣的事。

這樣的紳士型趣味，在十九世紀中產階級也擴展開來。在花卉秀或花卉中心聚集了各階層喜好花卉的人。即便到了今日，據說也「沒有英國男子不喜歡園藝的」，即便居住在都會的公寓，也會在陽台上擺放許多盆栽。有趣的是，喜好的花卉也會依階級的不同而有變化。女性當然也很喜歡園藝，還發行了好幾本專為女性製作的專門雜誌。

從以前起，人們就很重視王室跟王宮附屬的庭園，貴族與紳士將那些庭園尊為模範，在整修自家的庭園上大顯身手。查理一世的王后亨麗埃塔・瑪麗亞（Henrietta Maria）對打造庭園很感興趣，一六三九年讓安得烈・摩勒（André Morey）這位造園家打造了溫布頓莊園（其夫查理一世購入）的庭園。斯圖亞特王朝喜歡的是法國風的整形庭園，裝飾性修剪整齊的常綠灌木整齊排列著，運河直線流淌著，是壯麗的巴洛克式庭園。後來因為沒多久就發生了不列顛內戰，所以沒有做得非常豪華。內戰毫不留情地破壞了王室的庭園，包括懷特霍爾宮（Palace of Whitehall）、薩默塞特府（Somerset House）、聖詹姆斯（St. James）、溫布頓莊園、無雙宮（Nonsuch Palace）、里奇蒙（Richmond）、格林威治、漢普敦宮、肯辛頓宮等。但在王政復辟後，這些庭園立刻被修復、重建。

植物獵人的活躍

還有另一件重要的事，就是以皇家庭園為首，貴族庭園也成了植物學、植物蒐集的中心。以邱園（Kew Gardens）*為代表的植物園中，收集了在殖民地獲得的珍稀植物以做為標本。初時，出身皇家庭園與貴族庭園的造園師「植物獵人」們，跑遍了全世界，拚命收集藥用植物、新香料、食用等有益的植物，最後則成了蒐集珍稀又美麗的未知植物。他們之後成了園藝商，經營起栽培園，賣起珍稀植物。到了十八世紀後半，買賣變得更繁盛。進入十九世紀後，設立了好幾個園藝協會，舉辦園藝知識的交流、普及或珍品展示會，也發行了園藝雜誌、植物學雜誌。

在英國蒐集植物的歷史中，最重要的人物是約瑟夫・班克斯（Joseph Banks，一七四三～一八二〇年）。他負責經營丘園，派遣植物獵人去全世界蒐集植物。將丘園設為植物情報集中中心。國王喬治三世也理解並支援班克斯蒐集植物。要說植物學界、園藝界、造園界因這件事有新植物流入才有所發展，可是一點都不為過。

班克斯及國王在將全世界植物集中到英國植物園並熱情展示的背後，其實也祕密包含了一個訊息，就是英國（王）支配著全世界，正滴水不漏地監視著世界並積聚情報。

*註：正式名稱為「（位於）邱的皇家植物園」，原是英國王家園林，座落在英國倫敦西南郊的泰晤士河畔列治文區邱，種有約五萬種植物，約占已知植物的七分之一，目前是聯合國認定的世界文化遺產。

豐功偉業的象徵——動物園

在此我們也要提到和植物園一樣與王室有深切關係的「動物園」。大英帝國努力擴張的過程中，不僅是植物標本，也捕獲、帶回了野生動物，進行飼育、研究。這象徵了英國統治了遠地，甚至將商業、經濟圈擴展到了亞洲。

從中世起就有了皇家動物園，到了十七世紀後半，陸續運來異國的動物以象徵國王的偉業。動物園的人氣動物各自象徵了牠們出生的土地，清楚可見廣布於世界的英國霸權，喚起人民為祖國奉獻的觀念。

皇家公園的攝政公園（The Regent's Park）動物園（現在的倫敦動物園）在一八二八年開園，而且大為成功。之後的維多利亞女王與愛德華七世也認為，「豢養著從熱帶諸國王侯那裡所獲得的獅子、斑馬、老虎、豹，象徵著英國的國際地位，進而可顯示出英國王室的地位」。

個人主義者的社交

人們經常視英國人為「不善社交、不有趣」。在日本，對英國人的印象或許較為偏向「充滿幽默感」，但在歐洲卻並非如此。這也可以說成是「重視個人隱私，會自我控制」，典型的表現就是英國人在餐桌上的態度。

對大半歐洲人來說，一起吃飯代表著在餐桌上開心談話。例如在法國，人們很重視在餐桌上的談話，主人會一直留心注意，以炒熱談話氣氛。相對地，在英國，和鄰座交談時則是竊竊私語。一般也認為，理想的早餐進行方式是快速且沉默地進食。即便是在咖啡廳或餐廳，也會注意不要干擾到對方，很重視各自的空間。

因此，再沒有比英國派對更無聊的派對。但實際情況是，再沒有像英國人更常開晚餐聚會的國民。不論公私，英國人都會頻繁舉行宴會，而且大家都很樂在其中，所以頗令人驚訝。

雖說「英國人是個人主義」，但這是和自發性集會、允許無限制打造俱樂部、集團的「社交風氣」相輔相成。正因為英國人不擅長社交，才積極打造並參加俱樂部、派對。十九世紀前後，這勢頭更盛，但其歷史還可以更上溯些。

在中世紀末期，英國人成立了好幾個公會、兄弟會作為宗教上信仰與慈善的互助團體，而且因宗教改革而解散這些團體後，他們改變了體制，同樣的團體以社交作為基礎，依舊持續運作著。到了十七世紀，俱樂部、協會以及其他團體，為各種目標、興趣、慈善以及飲食等如雨後春筍般被創設，還加上了在咖啡館或酒吧等地的社交。在十八世紀，庭園、步道、劇場、音樂廳、集會場等，都作為社交用設施讓人報名參加。自己可以選擇參加哪個團體、和誰往來，在這之中也可以廣為展現自己的個性。

因此，法國思想家孟德斯鳩在《論法的精神》（*De l'esprit des lois*，一七四八年）中提到英國人熱愛自由，每個人都把自己看成是君主，並且深刻感受到他們徹底的個人主義，但對他們來說，個人主義與集體主義並不相衝突。

我們也來看一下，在十八世紀，主要是由商人組建了愛國主義的團體。英國將反法國當作認同感的根據，一七四五年，查爾斯・斯圖亞特（Charles Edward Stuart）前來入侵之際，倫敦的大商人們組成了「反法國、天主教大協會」這類偏執狂式的團體。也創立了工藝協會、海洋協會、軍隊協會，其目標全都打著對抗法國的口號。

不僅是反法國，各地的俱樂部也以各種目標聚集起來。例如栽培玫瑰、運動、哲學、飛鏢、異常性愛等，會員們雖都同等和睦，卻與外部有所隔離，具有排他性。國王也會支援這樣的團體，例如喬治二世曾捐款一〇〇〇鎊、其孫王太子也捐款四〇〇磅給海洋協會。

慈善的背後

從十七世紀起，與團體、組織蓬勃形成相關的是，從這時代起，對許多英國人來說，慈善活動・服務社會就是人生最大的目標。對集團的奉獻，發展成對集團外的弱勢者、窮困者展現慈愛。

即便在現代，英國人仍自誇為大方有雅量的民族。在他國，包含屬於國家責任之下的事務，像是照顧並救濟窮人、病患以及身障者等各種慈善活動，很多時候，英國的一般市民都會自發性地參加。這也與紳士們以無給職擔負起政治的歷史有關。英國人在這樣高貴且無私的奉獻活動中，獲得了無上的喜悅。

可是也有人批評英國人的慈善是自我宣傳或自我滿足。英國各地教會的牆上都宣揚著地方上有力家族做的慈善事業，上頭寫滿了他們的名字。大家似乎不太能接受不為人知地匿名做慈善。

總之，明確採取集團分組形式去進行慈善活動的，應該是從不列顛內戰與光榮革命一連串的革命之後開始一直到十九世紀初期。英國也和歐洲各國一樣，中世紀時代時，主要是透過教會與修道院來進行慈善事業。可是自宗教改革期之後，慈善事業就脫宗教化，改由民間進行。

根據英國近代史研究者金澤周作《慈善與英國近代》（チャリティとイギリス近代，京都大學學術出版會，二〇〇八年）所說，英格蘭的慈善活動組織可分為五種型態，他們各自成立的時間點稍微有些不一致，但就整體來說，從十八世紀後半起，在十九世紀伴隨著工業化產生了扭曲、貧富差距顯著增大的時期中，迎來了空前的風潮。慈善活動的對象是同為英國人的貧者、病人、孤兒、老人、娼婦、受災者，甚至是奴隸與動物。這些由民間主導的慈善被稱為慈善事業，以與公家形式的救貧行政做出區別。

順帶一提，至今慈善事業在英國仍有很大的存在感。發源於英國的慈善相關協會、事業非常多，有動物虐待防止協會、救世軍、YMCA（基督教青年會）、支援無家可歸者自食其力的雜誌《大誌》（*The Big Issue*）等。其他很興盛的還有以救援非洲飢餓或消除世界貧困為目標而展開的盛大音樂會。

也有批判說，英國人之所以這樣喜歡慈善，是為了隱蔽現實中剝削、貧窮的根本問題，是偽善，但「英國人文雅大方，對弱勢者很親切」的招牌，在現代，無論是國內還是在國際上，都成了英國國民認同的核心，消之不去。

福利君主制

因此，位於英國人中心的王室之所以會熱衷於布施或慈善事業，或許也是理所應當的。中世紀以前，在進行復活節前星期四的「濯足節」儀式*及「國王治癒淋巴腺結核」的習俗時也曾宴請百姓或賜予貴重物品。然而，國王所做的這些宗教上習俗，是從一七六〇年，喬治三世即位以來，才成為了世俗性、社會性的慈善事業，也就是布施。

根據弗蘭克・普羅查斯卡（Frank Prochaska）《王的恩惠——福利君主制的形成》（*Royal Bounty: The Making of a Welfare Monarchy*，耶魯大學出版局，一九九五年）著作中所表明的，喬治三世在位期間，慈善團體的規模擴大得離譜，被稱為「布施的

*註：基督教（廣義）紀念耶穌基督最後的晚餐，設立了聖體聖事、濯足服事精神的重要日子。

時代」「慈善的時代」。喬治三世自己也被認為是慈悲的國王。在遺留的紀錄中，一七六三～一七七二年裡，國王個人的收入有四萬八〇〇〇鎊，從中扣除了給予王宮庸人與其他部分，剩下二萬七五〇〇鎊中的大半，他都用了在私下的慈善事業上。他熱心投注在九個慈善事業中，其中也包含了有皇家詹納學會、預防天花接種醫院、聖喬治醫院、遺棄兒童養育院、貧民狀態改善、增進慰勞協會，此外，他認真致力於貧窮者的教育這點也受人矚目。

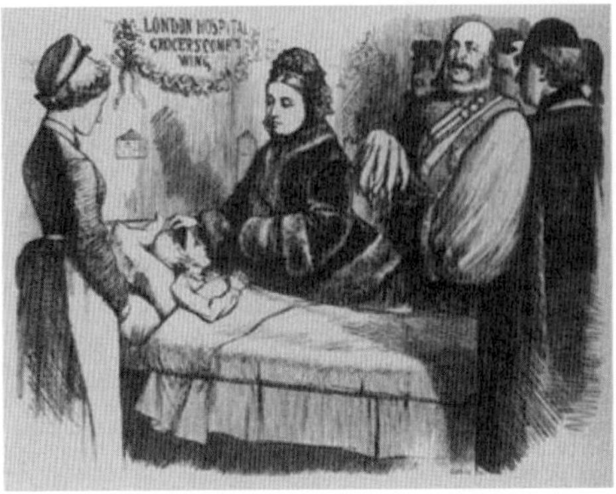

圖5-8　在倫敦醫院中探視孩童的維多利亞女王

喬治三世的曾孫愛德華七世在位期間，成了二五〇個慈善機構的資助者，此外也會每年捐款給二五〇個福利活動，作為英國人與英國慈善的啟發者，無人能比得過這位國王。愛德華七世揭示的目標，是改善對貧窮病人的照顧、進行治療，因著這個建議，英國創立了醫院醫療研究財團（The Hospital Fund），在他在位期間，出生於國外、定居在英國的許多富豪都參加了這個機構，募集到鉅額的資金。

國王去世後，一九一〇年，資金的全部資產有二

○○萬鎊，每年會提供十五萬鎊左右捐款，隨意給倫敦的醫院。貴族們因國王的示範而發現了慈善事業的魅力，不過貴族們想要榮譽做為報償，尤其是期待能藉由慈善行為而獲得國王敘任騎士。

之後，歷代的君王與王族幾乎毫無例外，都積極投身慈善事業，資助許多公益協會，或擔任會長。現代王室也經營有非常多的慈善事業。

君王之所以對慈善事業展現熱忱，正因為從十八世紀後半以來，君王的政治力愈形下降。以中產階級為主，為了獲得各階級的共鳴，為了讓人民認為君王是「人民的父（母）」，這是獨一無二的有效方法。王族身為慈善組織、團體領導者以及資助者，其下的貴族、紳士、富裕市民就會參加成為幹部或營運委員。如此一來，在有著貴族式光芒的組織、團體中，中產階級也會幫助捐款，這樣就能救濟貧者、弱勢者、病人……藉由這樣的機制就能正當化既存的階級社會，也有維持的效用。

總之，慈善正是階級社會，是連結英國所有階級的黏著劑。其重要意義就是無關乎宗教、支持政黨、性別差異，能為大眾所接受，就像接受教育與反奴隸制那樣，而其亮點正是君王將之一體化，使之受到全國民支持。從十九世紀後半起，王族們也開始熱切投入印度等帝國各地的慈善行為，在「不僅是英國本土，充滿慈愛的國王也守護著殖民地的臣民」這種虛構想像中，洋溢歡快的好心情。

勇猛卻無慈悲的人們

雖然我們會想，英國的國民性想必是很溫柔，才格外重視慈善事業，但其實，英國人是以毫無慈悲地顯示出殘虐性而惡名昭彰。在此，我們試著來看一下他們的鬥爭性。

在英國，中世紀當然是騎士道的時代，但伊麗莎白時代的貴族們出場機會少很多，因為當時興盛以傭兵以及郡為基礎來召集兵士，所以貴族們也思考著戰鬥才能顯示出自己身分的特性。在貴族們的宅邸中保存大量的武器，他們會帶著洋洋得意的表情看著那些武器。做為貴族，若沒有經歷過幾場戰爭，闖過幾次生死危機，就不配有貴族之名。十八世紀時，因槍砲的發達，騎馬一對一的廝殺已經沒什麼意義，但勇猛果敢依舊是貴族的必要條件。他們之間也不盛行決鬥。不僅是貴族，一般來說，作為男人，勇敢、動輒吵架、喜歡鬥爭的人都備受稱讚。暴力就是有男子氣概，而畏懼、害怕則被指責為沒志氣。

根據歷史家凱思・湯瑪斯（Keith Thomas）的著作《生命的終結：近代早期英國實

現的道路》（*The Ends of Life: Roads to Fulfilment in Early Modern England*）所說，在一五七一年，教師約翰・諾斯布魯克似乎感嘆著：「只要知道擺架子、吵架的方法，就會被視為是正直的男人；若能殺人越貨，就會被視為是優秀而且勇敢的男人。」一六九〇年，胡格諾派（在法國廣為流傳的喀爾文派新教徒）的M・Mason說：「無論是什麼樣的戰爭模樣，在英國人看來都是很美妙的。」此外，以《魯濱遜漂流記》而聞名的十八世紀前半作家丹尼爾・笛福也主張：「我們國家的男性是最強、最好的。之所以這麼說是因為，若是赤裸著上半身、完全徒手、以同樣條件和其他國家的男性一對一地在房間舞台上打鬥，我們國家的男子可以打倒所有強敵。」而且維多利亞時代的約翰・麥納斯（John Manners）大臣也說：「戰鬥對英國人來說是生來最適合的工作，是為了和平所必須做出的犧牲。」

在近世，勇猛＝男子氣概，這樣的想法滲透進英國，好戰性與勇敢可說成了英國的國民性。可是這個好戰性一直持續到了近代、現代，不只英國國內，也擴展到了國外。

身為軍人的君王

君王也是如此，國王正是傑出的軍人，要實際在戰場上指揮、打倒敵人才有成為君主的資格。人們認為，理想的君主是在戰場上威風凜凜，展現勇猛果敢，所以英王要站在最前列指揮軍隊。

中世的獅心王理查是勇猛騎士的模範，近世初期的亨利八世身為軍人，也重視獲得好名聲。其女伊莉莎白一世戰勝西班牙無敵艦隊時，就穿著盔甲護胸，騎著軍馬出現在倫敦港「蒂爾伯里港（tilbury）」（圖5-9）。安妮女王更是勇猛，會親自指揮軍隊。其父詹姆斯二世是海軍長官，在對荷蘭戰爭時統率了英國艦隊，喬治二世在奧地利繼承戰的激戰地德國巴伐利亞地區的德廷根（Dettingen）自在地騎著戰馬，站在前線統率軍隊。他是最後一位統率軍隊的英王，但之

圖5-9　蒂爾伯里港的伊莉莎白1世

後，幾乎所有君主都喜歡武藝，在王子時代就隸屬於軍隊，有過戰場經驗。

因此，英國人好戰性的原因，其實是以國王為頂點的貴族階級好戰性，在歷史的過程中，如瀑布般直流到下游吧？他們對體罰的態度也與這好戰性有關。拿破崙時期的風潮是想要廢止軍隊中的鞭打，但在英國卻沒反應，英國人能耐得住鞭打。本章中之後會敘述到的公學也離不開體罰，學生打群架更是家常便飯。

淡泊的英國人

關於英國人的暴力習俗，在他國人眼裡看來應該覺得很討厭。因為「英國人明明很討厭自己國內的暴君，在國外，卻變為更殘忍的暴君，實在是讓人難以原諒的民族」。

不過，在這好戰性、殘虐性中，隨之而來的是寬大、雅量的美德。也就是說，英國人在勝利之前，會徹底做出殘酷之事，但一旦對方投降，就會展現溫柔且紳士的態度。他們從孩提時代就被教導，若稱心如意地征服了對方，就要寬大待人，這是所有階級的人都熟知的。英國之所以在罷手殖民地主義的過程中較能順暢進行，或許也是因為這個緣故。

還有另一點，他們的特徵是沒什麼復仇心。因此遭受到過份對待的對方若無法將此事放水流，他們會覺得困惑，他們似乎無法理解，為什麼要一直受到過去的事情所責備。英國流就是——戰爭結束，就握手言和吧。

為死亡所吸引的人們

我們還可以從另一方面來思考英國人的好戰性。從十七世紀末左右起，大家就知道，憂鬱是英國人特有的毛病。很多英國人都被診斷有疑病症、憂鬱症等，也出現有很多自殺者。為什麼他們不會像其他國民一樣去享樂人生呢？為什麼會有自我毀壞的衝動呢？我們要來尋找一下原因。人們議論著，是否是因為陰鬱的氣候、大都市中的煤炭汙染、不喝葡萄酒只喝啤酒？

是憂鬱的延伸吧？英國人似乎很受死亡吸引。在英國，有對喪徽（方形黑框中所畫的死者菱形紋章）的愛好，加上黑色喪服，在家中也裝飾有服喪的標誌（放有死者紋章的菱形圖版），這樣的習慣以上流階層為主而擴散開來。他們對墳墓也很感興趣，不論貴族、平民都喜歡在墓地散步。在下一章會看到，英國文學傑出的文類是推理小說、偵探小說，這些也與對死亡的關心有關。

英國人的功利主義、現實主義就這樣與厭世觀是互為表裡的關係。

公學的任務

公學可以說是紳士養成學校，有時會被誤認為是「公立學校」，但其實是私立學校的一種。稱之為公學並沒有法律上的定義，而是私校菁英學校的通稱。現在，大半的孩童會去上公立學校，只有少數百分之幾的人會去公學。公學中輩出英國政治、社會、經濟的菁英，上級公務人員、法官，以及軍隊、英國國教會、外匯銀行中的高位高官，幾乎都是公學出身者。

寄宿制公學是其典型，從中世紀末起就有了。上流階級本來會僱請家庭教師來教育子弟，從十七世紀起，漸漸改成去上公學，從十八世紀後半到十九世紀初期，公學一下子就與貴族、紳士連結起來。

十四世紀創立的溫徹斯特公學是為人所熟知的歷史名校，許多歷代首相都在那邊學習，另外還有一五世紀創立的伊頓公學、十六世紀成立的舒茲伯利公學、西敏公學、拉格比公學、哈羅公學等。許多畢業於這些名門公學的學生都進入牛津、劍橋兩所大學就讀，在官吏任用考試中也受到優待，獲得了兼具名譽與權力的職業。本來公學是男校，最近增加了男女混校。

希臘語、拉丁語是教養教育的中心，與其說是文學、思想研究，更偏向於鍛鍊記憶力與注意力。比起古典教育，公學似乎更重視體育，很多學校下午主要都是安排體育課。板球、足球、橄欖球、曲棍球、游泳、划船、越野賽跑等流汗耗體力，同時學習合群互助。此外在寄宿制度中，在一個「房屋」（從各學年集結相同人數，由房屋主人負起營運責任的公學下層組織）中約有幾十個人一起生活，學習服從房屋主人、前後輩嚴格的上下關係，為以後出社會成為菁英做準備（圖5-10）。

圖5-10　19世紀，公學中的「霸凌」。抓住手腳，從上往地面重摔

公學的時間管理非常嚴謹，從起床到就寢，除了上課、吃飯、和女舍監的面談，包括入浴到發給零用錢的時間都有規定，服裝、行為舉止也有詳細的準則。對不聽話的學生，會毫不留情地揮鞭。

前面我們已說過英國人自相矛盾似的社交喜好與團體形成的盛況，這其實也和家族間羈絆較弱有關。親子間的談話不起勁，夫婦間也保持沉默，最討厭偏袒親屬，一家離散似乎也很常見，這樣的關係若讓充滿家族愛的義大利人聽到，他們應該會不可置信。

助長這種傾向的場所正是公學。公學聚集起貴族、紳士階級的孩子們，讓他們受到統一的教育，但相對的，卻疏忽了家庭中的教養與教育，所以孩子們的性格是在公學中形成，而非家庭內。

雖然男性們或許很紳士，性格卻也很一致。他們在這裡被灌輸了愛國理念、戰鬥精神、公平競爭、合作與對領導者的服從，成了大英帝國發展的原動力。

重視現實的經驗論

從十七世紀到今日為止，英國記者、歷史學家、作家、詩人等的說話口氣都在無意識中遵循著經驗論的傳統，據說這正表現出英國人思考樣式的特性。十九世紀前半的德國哲學家海格爾以「歷史哲學」的觀點說：「英國人把在法國革命中所提到的理論與原則當耳邊風，與現實的自由諸制度相距甚遠」。對此，英國或許會回答說：「像法國革命所實現的那種自由憲法，我們國家早在很久以前就有了。」

可是那與遵循法國中央集權國家原則的一般原理與法制不同，是基於本地特殊的諸種權利與習慣所形成的，這一點我們不能忽略。《大憲章》以及權利典章是匯集了部分貴族階層的期望所形成，而且共同法是一種進步的法律分類（判例法），是從中世紀以來皇室法院中基於傳統、習慣、先例為基礎所下判決而來。英國的「憲法」是以《大憲章》、權利典章、王位繼承法為首，將共同法與習慣合併進議會制訂法中。

對英國人來說，抽象性、一般性的各種原理等完全不吸引人。他們反對法國的理性主義傳統，尋求維持經驗與接觸。比起從有憑有據的觀念所演繹而出的東西，即便欠缺邏輯性，他們更重視時不時要達到那必要的目標。因此，他們不被法律、原則所束縛，而是重視習慣。可以說英國人是接近事物本身，規避教條（教義），重視常識。

我認為，不列顛內戰後，英國主要的見解是：「比起法式觀念的遊戲，對許多人有益的實用性思考方法才是必要的」。從中推導出了「經驗論」，也就是人們覺得各種知識可以透過經驗獲得，而「功利主義」就是英國式哲學思想的根據。

功利主義的思想家們

英國在光榮革命後，君權神授說的主張消失了，取而代之的是尋求為「百姓」著想的實踐道德。其中，也有計畫要將上了軌道、持續發展中的實際政黨政治、代議體制範圍與影響力，開拓得更為廣泛。因此在十八世紀中，強烈渴求著實踐性的道德功利主義，而非思辨。

首先，約翰・洛克（John Locke，一六三二～一七〇四年）認為，獲得自由才是國家最重要的問題，他想以個人幸福為模範來規定自由，因而寫了《政府論》（*Two Treatises of Government*）。他重視直接的經驗，不被過去的傳統束縛，追求公共的福利。

繼洛克之後，使功利主義臻於完成的思想家耀眼隊伍仍持續著，包括有大衛・休謨（David Hume）、埃德蒙・伯克（Edmund Burke）、傑瑞米・邊沁（Jeremy Bentham）、詹姆斯・穆勒（James Mill）、約翰・史都華・彌爾（John Stuart Mill）、赫伯特・史賓賽（Herbert Spencer）等人。隨著時代的進展，功利主義變得重視起社會全體的幸福與良善，而非個人。十九世紀後半的史賓賽認為，自由放任會自然進化成近代工業時代的指導原理，他將他的著作裝飾得很科學性。

如此一來，在十八世紀興起的功利主義，到了十九世紀便以激進的型態支配了論壇。在現實政治中，也促使了社會改革，以及非常有益的立法（修正選舉法等）。嚴厲彈劾不法、同情貧窮被壓抑的人們、應將政治信條置於人類科學知識以及分析上，這些想法仍留存在今日的英國。「自由」「公共善」「進步」，這些就是英國政治思想的標語。

還有另一件事，自然科學思想應是代表近代初期英國學問的思潮。在此，英國人擅長的「實驗」「觀察」等手法也大有助益。眾所皆知，十七世紀的英國是「科學的世紀」。

法蘭西斯・培根（Francis Bacon）認為，學問的目的在於豐富生活，他以學問的體系化為目標而出版了《學術的進展》（*The Advancement of Learning*，一六〇五年）。羅伯特・波以耳（Robert Boyle）承繼了培根的經驗主義式方法，他以許多化學實驗，推進了對人類有所助益的科學。威廉・哈維（William Harvey）是詹姆斯一世與理查一世的醫師，他以解剖研究為基礎發現了血液循環，顛覆了自希臘以來的說法（當時設想血流系統分為兩種系統，沒有考慮到循環）。一六四五年，展開了集會，一群數學家與哲學家圍繞著科學而議論，對此感到有興趣的查理二世於一六六二年頒發了特許狀給他們，這就是「皇家學會」。接著在這樣的背景下，艾薩克・牛頓出現了，十九世紀時也誕生了提倡「進化論」的查爾斯・達爾文。

充滿幽默的英國人

雖然看似與之前敘述過的「不善社交、不有趣」相矛盾，但其實，或許再沒有哪個民族、國民的幽默感比英國人還優秀。他們自己也很自豪。可是誕生出這個「才能」的理由卻很似是而非——不知道該怎麼待人接物，也很拙於說話。為了在這樣的笨拙下保護自己，就產生出了幽默。那是情感的防波堤，成為了面對社會中他人的盾牌，保護自己遠離處於社會中的不利情況。

在英國，幽默滿布在四處各地，就像呼吸般，日常生活中絕對少不了。這不是為了炒熱現場氣氛，反而是辛辣地發洩激憤，也有人用這樣的幽默取代了激烈的革命與暴動。實際上，玫瑰戰爭結束後與不列顛內戰期間，國王的宮廷中有許多小丑，他們會以充滿有趣動作與機智的笑話來逗樂宮廷的人，安慰沮喪的君王。

英國人被視作忍受力很高的民族，在性格的根本中，有能力以遊刃有餘的態度注視包含自己在內所有人與各種各樣的事物。他們會在即將顯露出感情的前一步止步，從外部觀望以保持精神平衡。即使面臨嚴重事態，也不失冷靜，從這之中也生出了那種幽默感。他們控制情緒，一邊抑制，一邊尋求有效的出口。

英國人的幽默總是不離現實，若不是社會對此有一定程度上認知其正當性，是無法產生出來的。因此，他們的幽默是和先前所述的經驗論與功利主義傳統相連結，或許是像對法國人來說的哲學性觀念。英國人的幽默能讓政治家在演講上有說服力，並提高評價。

現在，可以舉出伊莉莎白女王為國民所愛戴的原因之一就是有幽默感，查爾斯王子那稍微強烈的幽默似乎也獲得了好評。

賀加斯的諷刺畫

幽默這個偉大的傳統最初是在十八世紀時發展開來。例如畫家賀加斯（Hogarth）的諷刺畫就是典型的代表。總之，紳士和中產階級的人很欣賞這些。

賀加斯首先在有強烈尖銳諷刺的銅板畫《南海泡沫事件》（一七二一年）中畫出

了泡沫崩壞的世態而獲得好評。總共有六幅圖的《妓女生涯》（*A Harlot's Progress*，一七三二年）畫出了從地方出來的鄉下姑娘染上了都會的風習，墮落為妓女，留下幼子，年紀輕輕二十三歲就死了的故事。讓他確立名聲的是《流行婚姻》（*Marriage A-la-Mode*，一七四三～一七四五年），這也是總共有六幅，畫出了以獲得財產為目的的上流階級與以獲得地位為目的的暴發戶中產階級的婚姻，如何走向破裂與不幸的命運（圖5-11）。四連作的《選舉宴會》（*An Election Entertainment*，一七五四年）中，則諷刺、批判了現實中選舉的腐敗。

圖5-11　賀加斯的《流行婚姻》

沒有一個畫家像他那樣發揮洞察力，畫出飽含猛烈社會批判的諷刺畫。雖然也有不入流又奇怪的地方，但就整體而言，很滑稽又充滿喜劇性，很幽默。完全充分發揮了英國人的幽默感。

因著賀加斯的緣故，華麗又走在時代尖端的諷刺畫，於十八世紀後半起到十九世紀，誕生出吉爾雷（Gillray）、羅蘭森（Rowlandson）、克魯克香克（Cruikshank）等多位畫家。而最終因著雜誌《Punch》

（一八四一年）與雜誌浮華世界《Vanity Fair》（一八六八年），變得更為廣泛，連一般人都能接受。之後出現了便宜的小報，隨之而起的還有以政治以及禮貌作法等為標題的時事諷刺漫畫，二〇世紀時的電視，則透過人偶、喜劇演員滑稽的言行舉止，嘲笑權威。現在在連續劇中，也會以滑稽的形象來描寫皇室家族，以作為諷刺之用。

諷刺文學的興盛

那麼，在這個「諷刺的時代」，創作出了什麼樣的作品呢？撐過革命殘存到王政復辟的十七世紀文人，因為排斥屬於前代特徵的禁慾主義，所以喜歡書寫肯定現實的諷刺作品。尤其是塞繆爾・巴特勒的《胡迪布拉斯》（*Hudibras*，一六六二年），這部作品以辛辣地諷刺了清教徒們的偽善、利己主義而聞名，查理二世也覺得很有趣。順帶一提，其中插畫是由賀加斯所畫的。

在十七～十八世紀的英國，以黑色幽默寫文學作品的作家們也輩出，但始祖應該是強納森・史威夫特（Jonathan Swift）。他的作品中滿是毒辣的幽默。他最先以《書的戰爭》（*The Battle of the Books*）《桶的故事》（*A Tale of a Tub*）的諷刺提高了文學盛名，在攻擊英國政府與缺德政商的《布商的信》（*Drapier's Letters*）中，甚至取得了莫大的勝利，讓政府改變了政策，因其暴露了圍繞著鑄造貨幣所產生的貪汙、不法問題。他的代表作《格列佛遊記》（一七二六年）中也滿是對社會與政治的諷刺。在小人國宮廷中愚蠢的升官競爭以及陰謀等猛烈的諷刺，毫無疑問是以喬治一世時代的政治為原型。此外，在他的作品中也充斥了糞尿，有著糞便文學（Scatology）的特徵。

英國文學中的諷刺小說、下章會看到的推理小說以及現實主義小說很有實力，讀來很有趣又有教育性，所以蔚為主流。果然是經驗論、功利主義之國使然啊。

鬥雞・逗熊遊戲・獵狐

那麼在今天，盛行愛護動物運動，為此還有許多委員會與立法，被稱為是「重視動物更甚於人」的英國人動物愛，其實有件令人難以置信的事，那就是他們以前竟然虐待動物作為娛樂用。

在此，賀加斯再度登場。他的名作《四個殘酷的舞台》（*The Four Stages of Cruelty*，一七五一年）的第一個舞台中，完全畫出動物被虐待的模樣（圖5-12）。雖多

圖5-12　賀加斯《四個殘酷的舞台》中第一個舞台

少有點誇張，但基本上是事實。有人以雞為標靶進行射擊競技，在英國，從中世紀起就在進行告解的星期二進行射雞競賽，讓雞隻彼此激烈鬥爭的鬥雞，也是很受歡迎的娛樂活動。似乎也有在雞後爪綁上刀片的。

跟鬥雞一樣受歡迎的娛樂活動還有「逗熊」（挑釁兇惡的狗使其和被鎖鍊綁住的熊相鬥），這是從愛德華一世時代（十三世紀後半）開始的，在十六世紀迎來高峰期。亨利八世非常喜歡這雜耍，在王宮的白廳裡設置了「逗熊」專用坑洞。接著流行起來的是使用公牛來代替熊的「鬥公牛」。詹姆斯一世也很熱中於這樣的動物相鬥，他以獅子取代了公牛。這樣的動物相鬥是上至王侯貴族，下至庶民階層，大家都喜歡看的娛樂活動。這種喜好扎根於英國人的生活之中，直到十九世紀還確實保有著。

此外，獵狐本來是在中世紀後期，為驅除收成後田地上的狐狸而舉行，但十七世紀時成了紳士們的運動，轉眼間就流行起來。一七五〇年代時，英國人改良育種出跑很快的新種獵狐犬，使得獵狐更受歡迎。

十八世紀末葉，人們把軍裝當緊身服穿，並規定了詳細的規則。獵狐這運動比起狩獵更注重敏捷性，同時作為娛樂也很有趣，可以鼓舞人勇敢、彰顯男子氣概，所以國王當然也熱中於獵狐。

愛護動物與出現寵物狗

在這樣的風潮下，時代稍微往前推進，從一八二〇年代起，愛護動物團體的活動開始活躍化。自一八三五年起，禁止毫無原因地虐待動物，也禁止為讓牛、熊、獾、狗、公雞等相鬥而設立的所有設施。同年，愛護動物協會獲得了公主維多利亞與肯特公爵夫人的後援，一八四〇年也獲得維多利亞女王許可，將「皇家」這個詞加在了協會上。

但是，唯有想守住獵狐這個傳統的聲浪很高，所以持續和想禁止的愛護動物團體抗爭中。時代一直到二〇〇四以後，終於在布萊爾政權時，成立「獵狐是犯罪」的禁止法條，隔年就施行，但英國社會有贊成和反對的兩方意見，出現了極大的動盪。

然而，不是說在十九世紀的愛護動物運動之前，就沒有愛動物的英國人。尤其是狗跟馬，都被當作人類的朋友好好被愛護著。關於馬，我們將在下一章運動的部分做說明，在此先來看一下狗。

在中世紀的修道院也可以看到把狗當寵物養的習慣，但進入文藝復興時期後，則擴大到上流階級的女性中。男性很重視獵犬，把牠們當成狩獵的朋友，但一直要到很後期，把狗當成在一般房間中玩賞的寵物，才在他們之間變得廣泛起來。

英王中，第一位玩賞寵物狗的是查理二世。他非常喜愛狗，在公開場合也毫不猶豫地大方坦承這點。他的狗被偷過好幾次，國王因此悲傷度日，還貼出公告，期望能把狗找回來（不知道最後到底有沒有找回來）。他的弟弟詹姆斯二世，以及之後繼位的威廉與瑪麗夫婦也喜歡狗，因此貴族們模仿這些王族，也流行起養狗當寵物。屬於西班牙獵犬一種的「查理王小獵犬」，誠如其名所顯示的，是查理二世很喜歡的犬種（圖5-13）

圖5-13　少年時代的查理2世（左）與西班牙獵犬

把狗當成寵物的熱潮，在民間傳播開來的時間要稍微晚些，約是在十八世紀末前後。自十九世紀半葉起，變得更為廣泛，在維多利亞時代迎來了極盛期。到處都可以看到人們讓狗一起上餐桌、開心幫牠們穿衣服這類溺愛行徑。許多父母都把狗當成有銳利觀察眼光、聰明又忠實的朋友，相信只要讓孩子養狗，就能養出好孩子。當時也流行幫狗畫肖像畫。還出現了賣狗的人，以非常高的金額買賣純種狗，像是柯利犬、聖伯納、查理王小獵犬，以及獵狐梗等。

維多利亞女王也很喜歡幾隻柯利犬、梗犬以及一隻臘腸犬。王室相關人士也很期待參加犬展，實際上維多利亞女王也有展出犬隻。女王鍾愛的柯利犬價值瞬間急飆，受到愛狗人士的垂涎，博美犬的情況也是如此。巴哥犬、蘇俄獵狼犬、蘇格蘭獵鹿犬、尋血獵犬等也被高貴人士所喜愛。

現在的英國王室也非常喜歡狗，據說養了一〇隻以上。因為伊莉莎白女王從孩童時期起就是跟狗一起玩到大的，尤其是柯基犬。

創造國民性的時代

個人主義、認生、喜歡庭園、凝視死亡的達觀、團體形成、家族羈絆的脆弱性、慈善活動、現世主義、經驗論、功利主義、幽默感、排外的優越感……試著並列英國人在歷史中成形的性格與特質，正是本章所要探討的主題，這些都是自不列顛內戰起約二〇〇年間實質性打造而成的。

因此，在思考現在的英國人與英國社會，以及這些未來時，這時代就具有決定性的重要地位。而這正是貴族、紳士們以及位居頂點的王族所帶頭代表的性格與特質。

這或許也反應了英國政治的做法。英國沒有遭受像法國或俄羅斯那樣過於激烈的革命就確立了有效又良好、安定的民主主義，這是因為有以國王為頂點的階級社會存在，同時還因為本章所看到的，在這時代所形成的英國人、英國社會的本質。

可是若就外國人來看，或許會覺得這「這帶來了對非協調性、沒有思想的利己主義，以及世界主義（cosmopolitanism）的強硬反抗」。

第 6 章

大英帝國的建設

從喬治4世到愛德華7世

——西元1820～1910年——

1851年，倫敦萬國博覽會的水晶宮

天主教解放

前一章中我們一直談到了喬治三世的時代，本章中，將從他兒子喬治四世（一八二〇～一八三〇年在位）開始談起。在這位國王與其弟威廉四世的時代，英國出現了許多社會改革運動，而為對應付這些運動議會整備了法制。

喬治四世在其父王罹患精神疾病時就擔任攝政王子，累積了政治經驗。因此即位當初，雖有干預政治，但隨即將國政幾乎全交待給首相利物浦伯爵詹金遜（Jenkinson），隨心所欲地享受位在布來頓（Brighton）亞洲風亭樓中的生活。可是他異常地討厭其妻子卡羅琳（Caroline）王后，甚至拒絕她出席加冕儀式（圖6-1），因此民眾對他的評價也很糟。但是一八二二年，他在訪問蘇格蘭之際穿了蘇格蘭裙與部族首長會面，讓蘇格蘭人很感激，為兩國融冰做出貢獻，有極大的功績。

接下來的威廉四世（一八三〇～三七年在位）是軍人出身，個性直爽，不帶隨從就去市區視察、散步，受到倫敦市民歡迎，是百姓王的先驅。可是他在六十四歲即位，七年後就去世了。喬治四世與威廉四世兩兄弟也兼任德國漢諾威王。

這對兄弟檔當國王的時代，托利黨內閣下的社會改革運動很活躍，在十七世紀末確立的宗教改革與政治社會體制也出現了變化。除了警察改革、減少死刑犯犯罪、限制兒童勞動以及廢止奴隸勞動等勞動相關問題改革，在宗教面上也前進了一大步，那就是「天主教解放令」。當初，國王（喬治四世）跟首相都反對給予天主教徒權利，但是一八二八年，威靈頓公爵成為首相，他在一八二九年不管國王奮力反對甚至以退位作為要脅，通過了天主教解放令。

在這件事中，清楚顯示出國王在英國政治中失去了獨立權力。其一大主因是因為以報紙為首的報導與利益團體的勢力增大，形成了新的輿論。

圖6-1　被鏡中妻子影像嚇到的喬治4世

一八二八年，審查法被廢止，非國教徒可擔任公職，但天主教徒仍被排除在外。但因為這個解放令的關係，男性天主教徒幾乎都能擔任文官職位，也獲得了選舉權，能夠進入議會。

天主教解放令對許多愛爾蘭人來說是福

音，但即便沒了對愛爾蘭人的歧視性法律，叛亂依舊頻發。而且自一八四五年起的四年間，因馬鈴薯疫病造成歉收引發大飢荒，造成超過一〇〇萬人餓死。英國政府沒有採取認真的救濟措施，導致事態更形惡化。

為了活下去，為了逃避歧視，據說從一八四〇年代起到一九二〇年代為止，出生在愛爾蘭的人有四五％都移民到國外。也有渡海到美國的愛爾蘭人與都柏林共和主義者聯合起來，引發叛亂。

一八六八年，格萊斯頓（Gladstone）成了首相，為了改善愛爾蘭的困境，制訂了愛爾蘭國教會制廢止法（廢止將英國國教會訂為愛爾蘭唯一方法宗教的法律）與土地改革法等。一八七〇年，成立愛爾蘭自治協會，要求設置愛爾蘭議會與自治權，擴展了勢力。可是一八八六年的《愛爾蘭自治法案》（*Home Rule Bills in Ireland*）因多數人反對而未能通過。

修改選舉法

威廉四世時代較大的改革是一八三二年的選舉法修正（圖6-2）。光榮革命確立了議會的權力，但有選舉權者只占人口的三%。從那時起，發生了要求民主化、議會改革的運動，尤其因工業革命而獲得力量的中產階級商人、金融業者，對自己的聲音無法反應在政治上感到不滿。此外，英國從十八世紀末起持續了四個半世紀與法國的戰爭，政府雖動員了許多民眾，他們卻沒有參與政治的權利，為此也感到很氣憤。

圖6-2　反對選舉法修正案的上議院托利黨議員們切斷人體（＝修正法案）的諷刺畫

第一次的選舉法修正是在輝格黨首相查爾斯・格雷（Charles Grey）的奔走下，排除強力的反對聲浪而成立。國王也勉勉強強地支持了。這個修正法案廢止衰敗選舉區與指名選舉區，並擴大、合理化選舉權。這也成了強調人民代表下議院發揮力量的契機。可是，有選舉權者的人數雖從約五〇萬人增加到約八十一萬人，但因為有財產限制，大多數的勞動者依然有選舉權。

因此，從一八三八年議會提出《人民憲章》（*People's Charter*）起的二〇年間，發生了社會改革運動——憲章運動，要求中下階層的大眾也有權利能參加普通選舉。可是因為地主與其支持的政黨保守黨、英國國教會等各既得利益者反對而無法實現。

在保守黨下議院領袖迪斯雷利（Disraeli）的主導下，一八六七年實現了第二次選舉法修正，接著在維多利亞女王的時代，有權者的人數增加到成年男性的三分之一，形成了勞動者階級組織獨自政黨的基礎，政黨政治發展終於正式上了軌道。

之後保守黨（在一八三二年新選舉法下的總選舉中，托利黨轉變為保守黨，同樣地，輝格黨保守黨內自由貿易派的皮爾派以及激進派都成了自由黨）安定地維持了政權，但受人矚目的是，若干名工會成員也以自由黨黨員的身分當選。

最後，一八七〇年成立了初等教育法，在廢止買官制、行政及司法改革上也有所進展。選舉法在一八七二年成為祕密投票，一八八四年，大半的男性而有選舉權，從一九一八年起，則擴大到所有男性（與部分女性）。

讓我們回到喬治四世與威廉四世時代。到了十八世紀末，大臣們雖仍同於中世紀般只是國王的建言者，但這兩王時代，即便是與王意相反的大臣們提出的建議，國王也會同意，確立將政治交由首相一職的形式，因此國王的權限縮小了。威廉四世身為國王，除了是議會決定者，也是最後一位有可主動任命首相的國王。這促進了近代政黨政治的發展，比起獲得國王的支持，在議會中獲得多數支持，尤其是在下議院的勝利變得很重要。一八三七年以後，國王變成完全不出席內閣會議，議院內閣制變得更加成熟。

即便如此，因為威廉四世讓一般市民看到他直爽的模樣，所以社會輿論都偏向了他那方，這也預告了之後英國國王所處的位置。

維多利亞時代的帝國建設

威廉四世沒有嫡子女，先王喬治四世唯一的嫡女夏洛特（Charlotte）公主也去世了。如此一來，就由喬治三世的四子肯特公爵過五〇歲結婚所生下的女兒，也就是十八歲的維多利亞（一八三七～一九〇一年在位）繼承王位。

在即位隔年的加冕儀式中，想看一眼情況的民眾們，擠滿了通往西敏寺的沿途。盛大的慶祝儀式結束，禮炮響起，大家自然地大合唱起頌歌《天佑女王》。國民理所當然地接受王制，敬愛君王，想看君王。在女王即位五〇週年、六〇週年慶上，同樣的景象不斷重複上演。

維多利亞沒想過自己會成為女王，對政治並不熟練，因此都交由墨爾本（Melbourne）伯爵處理，她和薩克斯・科堡・哥達（Saxe-Coburg and Gotha）公爵的次子，也是她表弟的阿爾伯特（Albert，一八一九〜一八六一年）結婚，感情和睦的共同打造帝國的繁盛。可是，其夫於四十二歲時去世，女王很傷心，半永久式地穿著喪服，擺出暫時退隱的模樣。

在漫長的維多利亞時代，英國在全球展現了其主導權（霸權）。首先，在第二次墨爾本內閣時發生了鴉片戰爭（一八四〇〜一八四二年）；干涉了埃及、土耳其戰爭（一八三一〜一八三三年、一八三九〜一八四〇年）；在一八四五年，參加克里米亞戰爭（一八五三〜一八五六年），與鄂圖曼帝國站同一陣線對抗俄羅斯；一八五六年，與清朝之間發生英法聯軍之役（〜一八六〇年）；一八五七年，東印度公司印度的傭兵發生印度民族起義。此外，在南非也爆發了波耳戰爭（一八八〇〜一八八一年、一八九九〜一九〇二年）。但因為大半數都是殖民地的戰爭，所以對英國本土的影響不大，可說是較為平穩的時代。

一八七七年，維多利亞女王即位為「印度女皇」。英國在十八世紀初期已經在印度以及極東區占有了貿易據點，北美洲以及西印度群島也是英國的殖民地。

雖然失去了美國，但英國的殖民地在十九世紀時大為擴展，十九世紀後半，在維多利亞時代中，以加拿大、大洋洲、非洲、迦勒比海，甚至是以印度為中心，英國在亞洲建立起世界最大的殖民帝國。誠如前述，茶葉貿易與飲茶習慣的擴大，與帝國的擴大緊密相連。

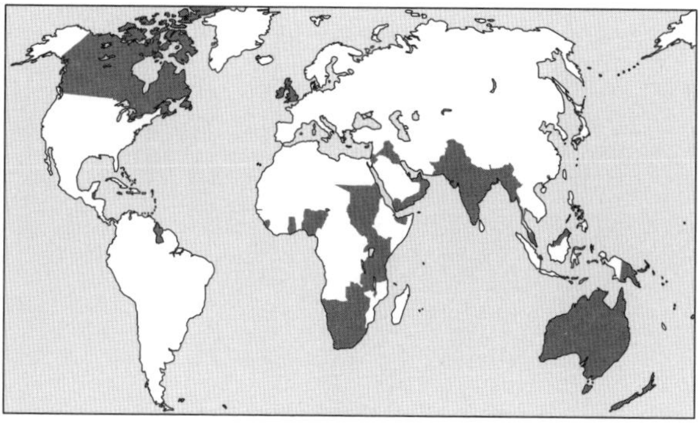
圖6-3　20世紀初期的大英帝國

到了一八六四年間，維多利亞女王時代的英國處於一個光輝的時代，支配了世界陸地面積二〇%以上，以及四分之一的人口。比起十六世紀末期以後，大英帝國在與西班牙、法國間的戰爭中獲勝而昌盛，簡直就是站在最高峰（圖6-3）。

此外，英國國內產業也大有發展。英國的君主制沐浴在空前廣大的帝國威光中，同時肩負了統合複雜、廣闊無垠領土的任務。君主制、王國式的要素浸透入帝國中，處處都出現有冠著女王名的地名，不僅是帝國中的公共建物，貨幣、郵票等都刻有她的肖像。女王的生日五月二十四日，也被訂為「帝國紀念日」來慶祝。

維多利亞女王在位多年後於一九〇一年去世。幾天後的二月二日，當時人在倫敦留學中的夏目漱石和寄宿的主人一起去海德公園，他看到了非常多群眾翹首企盼女王送葬隊伍的出現，宛如「園內所有樹木都結成人形果實」般，令他驚嘆不已。

之後繼位的新王是愛德華七世（一九〇一～一九一〇年），當時他已經六〇歲了。雖然英國國民對他沒什麼期待，但他到訪了印度、葡萄牙、德國、義大利等，實現了和平。投入五〇萬名士兵，打了一年多的波耳戰爭，卻無法攻破總數三萬五〇〇〇人的波耳（荷蘭系非洲人）軍，這場動搖帝國主義的波耳戰爭也終結於他任內的一九〇二年。愛德華之後在一九一〇年過世。

道德的君主制

那麼，這個時代，君王在國政上的角色有什麼變化呢？前二任君王們時的首相權力變大了，他們將政黨政治正式化，受到多數政黨支持，但在維多利亞女王時代，君王似乎找到了新的角色任務。

那就是君主制在社會中成了道德性的力量，成了廣受國民尊敬的存在。正因為有國民的敬愛與支持，國王才能在政黨間做調停，以中立且公平的做法行使權威，而非只是在做形式上的國事行為。

維多利亞女王的丈夫阿爾伯特，為讓王室獲得國民的尊敬，提出了四個很嚴肅認真的理想——義務、道德、勤勉、家庭性。託此之福，作為道德模範、國民整合象徵的君王權威稍微提高了些。君王不再像以前那樣充滿醜聞、因任性放蕩造成話題而被輕視，即使流出了醜聞，國民仍在心底尊敬君王，或是希望能尊敬君王。

一般認為，能滿足國民需求的，不是存續基礎不明確的政治家或政黨，而是確實存在的君王。換句話說，大家都認識到，正是有著因國民所產生的統治、民主主義，所以才需要作為情感支柱的君王。這份對君王制的留戀，因著在維多利亞時代的大英帝國的發展，被更加強化了。

光榮的背後

光榮的背後一定有犧牲者。十九世紀半葉，遽增的人口集中到都市，貧民地區衛生狀態很糟，霍亂等疾病四處蔓延。即便推行了制訂工廠法（一八三三年）、廢撤穀物法（一八四六年）、廢止航海條例（一八四九年與一八五四年）、以一〇小時勞動法代替地主保護（一八四七年）以及採用公共衛生法（一八四八年）等各式各樣的改革，仍有四分之三的勞工階級被棄之不顧。

終於，在十九世紀末制訂了公共衛生關係的法制，也修整了基礎建設。許多勞工階級的生活水準確實提高了，但還有十五～二〇％的人口生活處在勉勉強強的生計邊緣，八～一〇％是在貧窮線之下。

令人遺憾的是，維多利亞女王本身對這件事的理解十分低下。維多利亞即位五〇週年慶時，頭一次窺探到了倫敦的貧民窟街道，當時她只覺得不舒服，對貧困階層所處情勢之惡劣卻毫不關心。她也反對普及初等教育，認為「讓下層階級接受更多的教育，只會讓他們有過度的期待感，灌輸他們思想不會獲得利益，甚且是不道德的，他們必需幫助雙親工作，不用讀書」。因此在維多利亞朝時代，英國據說可分成「三種國民」，擴大了貧富間的差距。

為了因應工業無產階級的激增，一八二四年廢止了禁止結社法（一七九九～一八〇〇年），有許多工會組成，出現了大量罷工，但到了該世紀中期就衰退了。可是一八七一年制訂了工會法，保障了團結權，一八七五年承認了勞資爭議，從維多利亞末期到愛德華七世時代，又再度組成各種工會，持續發生罷工。不拘職業、地域上的不同，廣泛包含非技術性勞工的綜合工會（general union）也組成了。

一八九九年，「勞工代表委員會」組成，一九〇六年，改稱為「工黨」。工黨希望實現漸進式的社會改革而以穩健的社會主義為目標。因著這分努力，二〇世紀初期，制訂了許多勞動關係法，訂定了包括勞動時間的限制、最低薪資、失業津貼、年金、國民保險等，也修立了教育改革相關法案。

遲一步的女性解放

提升女性地位、解放女性比貧困對策更晚實施。工業革命後，出現了前所未有的女性勞動力需求，迫使女性在新的紡織工業中長時間勞動。

當然，這並非是全無對策的。例如一八四七年立法紡織工業，禁止一天工作一〇小時以上。一八六七年也影響到其他產業，雖然直到一八六〇年代，一天工作一〇小時是常態，實際上，有很多人為了生存，都必須在自家從早工作到晚。貧窮的女性為了獲取現金收入，不論是農業、家庭手工、商店，或是採礦的工作、幫傭工還是其他，什麼都做。

也有人批評女性離家外出工作。這些人認為，「女性的本分就是做家事、協助丈夫、生兒育女。為了丈夫，必須把家打造成一個安定之處。」

因此菁英階層認為應該要阻止上流階層的女性出門去公共領域中工作。他們擔心「在都市工作，誘惑會增加，女性是否會墮落？女性若出入公共場合，會不會變得很任性，像法國女人那樣？」因此為守護社會良好秩序，陸陸續續出現許多禮法書、說教、訓誡、論文或是小說，以告知大家不同性別需分擔不同責任。

當然也有要求讓女性參加政治的運動，卻如洪水般，因「女性本分論」而瞬間消失無蹤。一般認為，女性的使命就是擔任女兒、妻子、母親這三種性別角色，維多利亞女王本身既是君主，也是妻子與母親，也有被引用在女性作家所寫的「禮儀集」等書中。

結果女性為了獲得政治上權利所進行的運動，一直要到進入二〇世紀後才正式化。伊莉莎白女王（二世）的祖父喬治五世時期，於一九一八年給予三〇歲以上女性、一九二八年給予二十一歲以上女性參政權，女性終於與男性對等了。

「白人職責」論

維多利亞時代就像這樣，英國國內有種種社會問題，迎來了大英帝國的最盛期，但在英國人心裡，對於支配殖民地的相關問題又是怎麼想的呢？

法國的拿破崙最終在一八一五年敗北，自那之後，英國再無敵手，此後英國在大戰爭中也沒輸過。這也許是因為他們認為，「自己應該打造世界上最偉大的大英帝國並被讚許」。

歷經工業革命，英國成了「世界的工廠」，但美國與德國逐漸變得能與之競爭，從一八七〇年代中葉起約二〇年間，碰上了極大的不景氣。英國國內市場小也是一個缺點，因此在一八七四年的選舉中，保守黨的迪斯雷利（Disraeli）擊敗了自由黨的格萊斯頓（Gladstone），形成了第二次政權，以維多利亞女王的信賴為基礎，邁向帝國主義。

除希望獲得經濟利益，也期望能滿足國民，發揚國家威信。

當然，人們對於帝國主義的支配還是有些擔心，但英國卻打著「白人的職責」，將之正當化。因為「先進國家英國有義務指導、輔佐未開化且低等的有色人種，使之文明化」，所以認為黑人以及黃種人服從白人是理所當然的。英國人認為，「讓全世界充滿自由與文明的使者——英國人的語言、物品、習慣、技術、產業，正是優良民族受神所賜之召命，讓英國國旗飄揚在帝國中，是自由、公正、正義的美德。」

這是首相巴麥尊（Palmerston）勳爵、迪斯雷利（Disraeli），以及南非殖民地首相兼鑽石業者塞西爾．羅德斯（Cecil Rhodes）的想法，而維多利亞女王也贊同。

所謂的英語帝國主義也可以用這樣的文脈來理解。亨利八世已經試行過一項措施，強制要求威爾斯、愛爾蘭、蘇格蘭將英語當成通用語。十九世紀，在印度、非洲等世界，英語被當成「卓越的語言」而被強制推廣到殖民地，為將英國式價值觀內化而整頓教育體制，甚且也將在法庭上使用英語，以及公職者學習英語知識義務化。

有種議論說，大英帝國中，忠實於國王的臣民們完全捨棄了一切與文藝、科學無關的當地語言而使用英文，而這麼做是為了自己好……。

圖6-4　在英國統治下的印度飢荒

「想像的帝國」與榮譽

對於「只有盎格魯撒克遜民族才能遵循法律帶給世界普遍的和平，所以只有大英帝國有資格進行將未開化地區殖民地化並打造帝國的資格」這種想法，民眾也鼓掌歡迎，在音樂廳中也唱著國粹式的流行歌。

在學校，歷史成為必修課是在一九〇〇年，歷史教科書中教導了帝國的偉大，作為大英帝國的棟梁，有義務學習這些。歷史教育還灌輸學生們，在世界上，處於對諸民族揮舞著強大支配權大英帝國中心的驕傲與優越感，以及連續不斷戰爭的必要性。

大英帝國不只是由加拿大、澳洲、紐西蘭、印度帝國、亞洲、非洲、迦勒比海直屬殖民地等世界上廣大地域所組成的實體，也是一個「想像的帝國」。和組成英國國內從位在貴族階級最頂端的君王到最底層臣民的金字塔一樣，一般認為，帝國中也有人種等級制度，英國人當然是位居最優越的地位，服從於殖民地支配的所有人也排有順序。

位居上位的人會被授與「榮譽」，也就是細分有等級的勳爵爵位。不只會頒授殖民地的代理國王、總督及政治家，或移民的英國名人，也會舉行盛大儀式授與印度的藩主、奈及利亞的王族、馬來亞的蘇丹等當地人勳章。

當然，榮譽的本來自有英王。從維多利亞女王到喬治六世，都非常關注於創設、推廣、分派帝國授勳。

同時，外國王室也會被授與最尊貴嘉德勳章，本來也是出自於帝國主義野心，是以英國國王為頂點來構築榮譽體系。順帶一提，明治天皇、大正天皇、昭和天皇、平成天皇等日本歷代天皇也受過英國國王贈送的嘉德勳章。

切割統治的拿手本領

英國為了拓展殖民地並進行侵略，採行了所謂的分而治之的政策，亦即組織一個團體，負責與當地興盛的團體對立。

例如將在鄂圖曼帝國統治下的阿拉伯人，集結到麥加族長哈希姆家族海珊之下，讓他們起身去反叛顎圖曼帝國。一八八二年以來，在持續進行殖民地化的賽普勒斯島（Cyprus）上，也分裂了希臘系薩普勒斯人與土耳其系賽普勒斯人，並使之相爭。其結果就是，即便現在該島獲得獨立，北賽普勒斯與南賽普勒斯仍處於分裂中。此外，在南非，英國將英國人的非法集團培養成軍事組織，讓他們侵略阿非利卡人的國家，打倒政府，以掌控金礦。

在這些例子中似乎在過去有先例。中世紀的英格蘭，雖視邊境的威爾斯與愛爾蘭為「驚異」的世界，同時心理上又將他們置於「野蠻且未開化之處」的位置，絞盡腦汁在住民間埋下不合的種子，讓他們相互爭鬥。這也讓人想起，克倫威爾在短暫的共和制時代裡，曾將麻煩的士兵以及對英格蘭忠誠者送到愛爾蘭，讓他們住在東部，把原住民趕到不毛之地的西部，建構了「兩個愛爾蘭」。

淑女旅行者

前章我們已經說過英國人的性格不擅長社交，這點也表現在殖民地上。在殖民地有特別的「英國村」，這裡只聚集了英國人，完全不用顧慮其他國民，而且這個英國村也很細緻地階級化了。

在這種狀況下，英國人沒有自覺自己有「白人的責任」，認真去做「讓落後未開化人文明化」，只是在殖民地團結自己人。

在這推進帝國建設的時代中，也有女性們勇敢地前往殖民地。十九世紀後半起到第一次世界大戰前後為止，有大量女性前往亞洲，尤其是以印度以及撒哈拉沙漠以南的非洲為主，此外還有西印度群島以及埃及、中東。除了有殖民地行政官的妻子及傳教士，還有研究當地風俗習慣的人類學者、冒險家、教師、護理師、改革者等。所有人都是生長在中產階級以上的「淑女」，有著良好的禮節及教養。

誠如先前所見，英國女性被視為「次等性別」，就歐洲文明、英國文明看來，相對於「劣等人種」，但女性被認為也對大英帝國發展有所幫助。她們不管是出自善意還是博愛主義，都被當作是英國政府偽善的「帝國意識」尖兵。

不在意味道的國王

二〇〇五年七月，在票決七年後夏季奧運的主辦地在倫敦還是巴黎前夕，當時的法國總統賈克・席哈克（Jacques Chirac）似乎說了：「英國料理是繼芬蘭之後，歐洲中最難吃的，吃這難吃料理的人是不可信賴的。」我打心底想贊同席哈克，因為我在英國有過好幾次這種經驗，但或許「好吃、不好吃」都只是主觀上的判斷。

那麼，英國料理真的很難吃嗎？若真是如此，其中有什麼原因呢？當然其中也有氣候風土不適合栽種豐富農作物的自然環境差，但這些問題應該可以透過技術革新或世界性農作物流通來解決。

英國中世紀的王侯貴族之間有種習慣是，認為吃得多就是好。征服者威廉的食慾被傳說化了，而亨利八世那龐大軀體的肖像畫，也讓人們想像他是大胃王。十九～二〇世紀初期的喬治四世與愛德華七世也一樣，後者的時代裡，上流階級中關於食量大的傳統到達了顛峰，人們都在競相較量腰圍的粗細。上流家庭總是舉辦著沒完沒了的宴席，整個中世紀都是如此。喬治四世似乎說過：「我們的國民是由啤酒跟肉做成的。」

與此相對，女王的飲食則似乎很樸素，例如伊莉莎白一世的晚餐，一直都是兩種套餐，雖每種套餐中有許多種肉類，但女王都只有吃一點點。她喜歡啤酒，很少喝葡萄酒。

維多利亞女王對吃東西也沒什麼興趣，早餐只吃水煮蛋，用金色的蛋架和金湯匙來食用。即便如此，奢華的宴席還是能在餐桌上反映出帝國的光明，所以英國花大錢雇用了法國主廚M.Menage來擔任總廚師長，旗下配置四、五人的廚師、廚房相關人員，其中最多的是法國人，負責提供給王族與客人豪華又豐富的套餐料理。

就像這樣，一直到近代為止，雖有大胃王國王，但在紳士以及中產階級中，作為近世以後的整體趨勢，節制飲食成為一種趨勢，並廣泛地傳播了開來。

英國料理很難吃？——味覺破壞教育

在這方面最重要的契機是宗教改革。不列顛內戰的領袖奧立佛・克倫威爾甚至在聖誕節斷然實行斷食，受到人們仿效。十七世紀清教徒的牧師理察・巴克斯特（Richard Baxter）說過：「吃飯時間有十五分鐘就足夠了，要花一小時簡直是無聊。」他也說過：「美味的食物是惡魔的陷阱，不應該去看，吃窮人的粗食，就能免於墜落地獄。」

若總是聽到這樣的說教，應該就會對飲食毫不在乎吧。宗教改革後，在英國紳士們間，為對抗法國人的英國國王以及對以其宮廷為主的飲食執迷與墮落，有人建議：「水煮或燒烤羊、牛、鹿等肉（尤其是腳、腿肉很紮實比較好）再沾醬料吃就好」。

紳士階級的子弟有大半成長期都在公學度過，公學於是成了粗食主義訓練場。哈羅德・阿克通（Harold Acton）大臣回想起在朗伍德學校學生宿舍曾出現過的飲食：「我偷偷將又髒又油的人造奶油、帶有毛的豬肉、小牛的頭、腿肉凍、醃豬肉、粗糙的燕麥粥包在手帕中，丟到廁所。」

圖6-5　炸魚薯條

即便是在近年，似乎也有很多紳士只吃麵包、加了豆類與馬鈴薯的蔬菜湯，還有便宜的燻鱈魚或燻青魚就夠了，一個禮拜吃一～兩次便宜的雞肉或香腸就滿足了。

農民或勞動階級吃的飲食更為粗糙。他們的飲食很少肉類，主食是中世紀以來的燉蔬菜湯以及在奶製品中加入黑麥麵包或大麥麵包，但自十八世紀前半起，一般是吃米布丁，後半則是馬鈴薯。自一八六〇年代以後，已經能大量供應代表勞工階級飲食的食材——馬鈴薯與魚類，形成了可作為現代英國料理代表的「炸魚薯條」（圖6-5）而廣為普及。

可是，決定現在英國料理「難吃」的，似乎是維多利亞時期的中產階級。他們對於表現出快樂會感到緊張，所以主動避免這麼做。他們乘著工業發展的浪潮，賺了錢，住在打造得稍微好一點的房子裡，家中備置了漂亮的家具，但一旁卻聚集有心懷不滿的窮人。因此至少飲食要吃得粗糙些，藉由對食物無感，以消除那份罪惡感。

他們認為，在飲食上吃得快樂是步上身敗名裂與社會墮落之路，他們也嚴格禁止孩子們吃得很美味或是吃得像餓死鬼投胎那樣。總之，他們每天都很努力消除食物的吸引力，讓孩子對飲食沒興趣。

育兒書中也寫道：「離乳食應該要單調且難吃，為了靈魂好，須給孩子身體所討厭的食物。」難吃又乏味的食物是最好的。馬鈴薯泥、米布丁、燕麥粥、煮或烤的羊肉、葉菜類蔬菜……全都是乏味的食材。英國人終其一生都慣輸給孩子一個觀念——對食物不用有太高的期待。

如此一來，自十七世紀以後，尤其是在十九世紀時，除了庶民，連貴族都減少了飲食量，同時他們也不在意「好吃」這件事。對英國人來說，飲食無關乎文化，不過是為了活下去的燃料補給品而已。

或許正因為如此，他們才在十九世紀建立起了大英帝國。因為英國人不論去到哪裡，都不介意吃什麼食物，只是把食物當成「燃料」，只要迅速將食物放入口中、腹中即可，若沒了這些剛強的男性，或許就無法經營起殖民地了。

倫敦萬國博覽會

十九世紀，尤其是維多利亞時代，工業革命的成果表現在社會基礎的提升上。首先是交通進步了。最初的鐵路＝蒸氣火車是在一八二五年於斯托克頓（Stockton）＝達靈頓（Darlington）間運行，隨後在一八三〇年，曼徹斯特＝利物浦之間的鐵路也開通了。一八四八年，鐵路一直延伸到五〇〇〇英里（約八〇〇〇公里），之後，一直到該世紀後半葉，便急速拓展到各地。同時，照明也改善了，十九世紀中期，道路上已點上了瓦斯燈，變得安全又舒適。

一八五一年的倫敦萬國博覽會，英國將產業化、工業化的成果公諸於世，提案的是當時的倫敦公文書館代理館長亨利・科爾（Henry Cole）。他調查了一八四九年在巴黎舉行的工業博覽會，並向阿爾伯特進言說：「我們應該在倫敦舉辦一個能超越巴黎的大規模萬國博覽會，好顯示出英國超越了法國。」

加上隔年的一八五〇年，阿爾伯特領銜組成皇家委員會，隔年五月倫敦萬博盛大開幕。維多利亞女王與阿爾伯特為了萬博開幕式，在一片歡呼聲及響徹天際的喇叭聲中，從白金漢宮到水晶宮排隊前進。超過五〇萬參觀者都目擊到走過倫敦大街的王室隊伍。

展示的重頭戲是造園師所打造、由約瑟夫・帕克斯頓（Joseph Paxton）所設計的水晶宮（參考本章章名頁圖），那是一棟長約五六三公尺，寬約一二四公尺的雄偉鋼材、玻璃建築。公園中幾棵高大的樹木完全被建築物包覆住，在其內部，從大型蒸氣機到最新型的照相機，展示了各式各樣能顯示近代工業精粹的商品，因此將英國科技推到了第一線。

人們在英國自豪的大型天體望遠鏡、迴轉式燈塔、鐵路車輪車床、紡織機械與動力織布機、自動收割機、拖拉機等複雜的機器前，參觀者都看得目瞪口呆。此外在「科學技術品」部分，也展示了從顯微鏡到造型裝飾鐘以及奇特的醫療機器。

阿爾伯特是想要展示英國以及從殖民地獲得的技術與新產品，以誇示大英帝國的力量，但為了添加點國際味，所以有近一半的展品是他國的。呼應此次展覽的有三十四國，展出總數則有一萬多件。

從五月到一〇月為止的一四一日間，入場人數合計有六〇四萬人。倫敦萬國博覽會高調宣示其作為「世界工廠」的角色，獲得大成功。維多利亞女王也被萬博吸引，去了水晶宮超過三〇次。

貴族們嘲笑這些革新技術，冷淡看待萬博，但他們怎麼想和一般市民無關。此外，直到近世，受到貴族支持的王室，自十九世紀以後，必須正視中產階級以及勞工的歡迎、意向才能站得住腳。維多利亞女王與阿爾伯特也非常理解這點。

一八六二年再次舉辦了國際博覽會（第二次倫敦萬博），但因阿爾伯特在開幕前夕死去，大為削弱了聲勢，也斷絕了與王室間的連結。第二次萬博會因為經歷了克里米亞戰爭，所以展示了「阿姆斯壯炮」，這一點和以和平主義為準則的第一次（其實第一次好像也有很多兵器樣本的展示品）有很大的不同。

一八八〇年以後，以展示殖民地的建築物、工藝品，以及英國本國的工業與技術為主，在倫敦其他主要都市也舉辦過好幾次博覽會，以誇示帝國的繁榮與整體性。一九二四年，以維多利亞女王的孫子喬治五世為名譽總裁所舉辦的帝國博覽會則是其集大成。

死前要再去一次ＰＵＢ

大家認為英國男性最喜歡的地方是哪裡？答案是ＰＵＢ。雖然他們的期望是把家整理得很舒服、打造出理想的庭院，但ＰＵＢ是不善社交的英國人能每天與人接觸並散心消遣的地方，是一個能邊喝啤酒、抽煙，邊聊聊天氣、運動、當地發生的事件以及農活的地方。他們也會高興地賭博、唱歌，簡直把ＰＵＢ當成第二個家，長時間泡在那裡。即便是現在，似乎仍有四分之三以上的成人會去ＰＵＢ。

ＰＵＢ是「public house」的簡稱。public house在十七世紀後半，是作為各種酒場的總稱而登場。酒場之所以會林立，或許是對在不列顛內戰中被命令要嚴格禁慾的反抗，所以在內戰後才會紛紛出現。海軍軍官塞繆爾・皮普斯（Samuel Pepys）的「日記」（一六六〇～一六六九年）中，出現有一五〇間居酒屋，其命名都能喚起人豐富的想像力，例如「星」「半月」「白鳥」「綠龜」「金獅子」「琴與球」「太陽」「主教冠」「天國」「斧」等。而「ＰＵＢ」的簡稱要在一八六五年才首次出現。

ＰＵＢ之前的 Coffee House在大都市，主要是在倫敦大為興盛，顧客會在其中喝咖啡、可可亞或紅茶，談論政治與商業的話題。這在十七～十八世紀時很昌盛，但十八世紀後半就衰微了。有如和這個Coffee House的退燒成反比的，就是PUB的興起（圖6-6）。

PUB本來是非常重要的社交場所、居酒屋，肩負了客棧、馬車旅店、公共馬車中繼地點的任務，在此也會舉行雜耍、戲劇表演，但到了維多利亞朝時代，形成了一直持續到現在的固有PUB形式。PUB失去了多功能性，成了專門特殊化的居酒屋。在維多利亞朝時期，有很多勞動者在工廠辛苦工作過後，或是為了逃避妻子的嘮叨，就會去酒場以獲得暫時的平靜。在喜歡PUB的大作家查爾斯・狄更斯（Charles Dickens）的作品中，也出現有各式各樣的PUB。

一旦勞工成消費主體，PUB的勞工酒場特性就漸漸鮮明化，除了上流人士，中產階級也覺得PUB是「又髒又危險的場所」，所以避而遠之。於是紳士們就會聚集到有會員制的俱樂部中。

圖6-6　19世紀的PUB風景

在英國電視劇中，幾乎都有以ＰＵＢ做為舞台的場面。若是法國應該就是咖啡廳，義大利則是Ｂａｒ。之所以有很多人會說：「再一次就好，死前想在ＰＵＢ喝杯啤酒。」是因為這個休憩與歡樂的小空間是匯集了十九世紀英國男人們的情感打造而成。

只要家庭舒適就好

那麼英國人把什麼當成生命的意義呢？很明確的不會是飲食。看起來他們似乎是專心致志在讓身邊充滿舒適愜意的東西。之前已經說過他們對於ＰＵＢ、庭園的迷戀。在此讓我們將目光轉向家庭與其內部。

比起水泥或石造的房屋，英國人比較喜歡覆蓋磚的舒適木造房屋。這類型住宅正是代表英國建築的傑作。

除了文學，英國不論是在音樂還是繪畫、雕刻上都沒有出現偉大的藝術品，也沒有產生出可以說是世界性的哲學。然而在生活文化、實用文化這點上，卻產出了特別優秀的傑作，簡直就是現世主義、實用主義之國。其中的代表之一就是「一般住宅」。

英國人家中的起居室一定有暖爐，那可以說是家族的靈魂之光。有暖爐的地方是一家團聚之處，會放置沙發、有扶手的座椅。鋪在椅子上的布料或是床單、桌巾、餐巾也會費一番功夫手作。若那是祖先代代傳下來的會更好。比起優美、豪奢，能耐得住長時間使用才最重要。身分上無法使用金銀餐具的人，能使用白鐵（錫與鉛的合金）餐具。不只是餐具，文具、馬具以及打獵的道具等，英國人都發展成以追求容易使用以及耐用為主。

十八世紀中，流行安妮女王風與喬治亞風的家具，迎來了家具歷史的黃金期，舒適、優雅又講究的家具，不僅受到上流階級也深受中產階級的喜愛。具代表性的設計師有齊本德爾（Chippendale）、謝拉頓（Sheraton）、赫普列維特（Hepplewhite）、亞當兄弟等。同時，在十九世紀，被尊稱為「現代設計之父」的威廉・莫里斯（William Morris）也大為活躍。

想為了自己與家人把家打造得極為舒適，這樣的期望與擁有「房產」的意向相連結，完全可說是「英國人的家就是他的城堡」。此外一九〇九年有一首詩說得很好：「德國人住德國，羅馬人住羅馬，土耳其人住土耳其，英國人則是住在自己家。」

英國人如信仰般重視「家」（home）。「家」才是最好、最真實的幸福所在，是誠實且新教式的英國人之魂。這似與先前所述和家人間羈絆微弱有些矛盾，但家人雖分散各處，各自卻仍想「在家」（at home）。

歐洲其他語言中並沒有「home」這個字，其聲調也能喚起獨特的情緒。若當成形容詞使用，是表示品質的保證，像是〔home-spun（簡單樸實的）、home-bred（國產的）、home-grown（自種的）、home-made（自製的）、home-cooked（家常的）〕等。尤其是在維多利亞時期，中產階級的感性被雕琢得很敏銳，提高了home的情感價值，也銘刻在孩子的記憶中。

最遲自十八世紀半葉起，家作為世間溫暖的原鄉，緊緊抓住了英國人的心，以家為背景的小說也很受歡迎。對英國人來說，家應該是讓人感到舒適的地方，不想被任何人攪亂，所以討厭不請自來的客人。

美麗的英國風景

還有一點，家周圍的風景也是home的構成要素。英國人的故鄉愛很強烈。

英國有著綠意盎然的平地、石楠荒原、連綿不斷的丘陵地帶、被田地及牧場所包圍著的森林。英國的風景整體來說，坡度很小又平緩，四季變化豐富，即便有些相似，各

圖6-7　英國的田園風景

地域也都有其特色，全都美如畫（圖6-7）。英國人很是迷戀自己生長的美麗土地。

為了守護工業革命後，因人口增加、亂開發而被破壞的美麗自然環境，一八九五年，英國人創設了「國民信託」（National Trust）協會以保護歷史名勝與風景勝地。被山湖圍繞、有英國最美之稱的湖區廣大土地，因為《小兔彼得的故事》（*The Tale of Peter Rabbit*）的原作者碧雅翠絲・波特（Beatrix Potter）而受到該協會的捐助，這件事也廣為人知。

日裔英籍作家石黑一雄在他的著作《長日將盡》（日の名残り）中巧妙地描述英國的祥和，這般祥和與任何事物都難以取代的美麗景致，對英國人來說有著深刻的意義。

> 我的眼前是一片又一片層層疊疊的畋野，迤邐綿延伸向遠方。土地平緩起伏，一塊塊草場以矮樹籬相隔毗連。遠處的平野上牲口點點，我猜想是綿羊。右側接近

地平線處，我覺得看見了一座教堂的方形塔樓。（中略）正是因為欠缺顯而易見的壯觀或戲劇性，才彰顯出我國景色之美。這其中的關鍵在於它美得從容寧靜，在於它的克制感。就彷彿這片土地知道自己的美、自己的偉大，而覺得毋需大聲嚷嚷。相形之下，類似非洲或美洲的那些景色雖然絕對非常刺激，但是在客觀的觀賞者眼中，我相信它們毫不含蓄的露骨之美反而使得景色略遜一籌。＊

而做為主角的他，在形容英國風景時，使用了「特質」這個詞，他描述：「**最美好的英國風景——例如今早我之所見——具備一種其他國家的風景所沒有的特質，無論他國的風景在表相上是多麼奇特而富有戲劇性。我相信，這種特質會讓任何一個客觀的觀察者認為，英國風景是世上最令人深刻滿足的。**」

「**只要有鄉間小路，只要在從事糧食種植之餘，有間小屋，英格蘭就常伴左右**」

There'll always be an England/While there's a country lane,/Wherever there's a cottage

---

＊註：譯文引用自皇冠出版社出版的《長日將盡》。

small/Beside a field of grain——這是第二次世界大戰中出征士兵最愛哼唱的一首歌歌詞。

被徵兵去打仗的士兵們，或是生活在殖民地上的英國人，總是一邊夢見總有一天回到故鄉，一邊看著在異鄉土地上英國美麗風景的幻影。

公平競爭的精神

英國人還有其他特性，就是他們非常重視「公平競爭」。從貴族到農民、都市勞動者、駕馬車者，都知道要公平競爭。此前所看過的國王與貴族階級，包括之後的中產階級，都以階段性做成的法制遺產與國制為其支柱。英國人自誇的英國憲法（諸法、原則的集合）與諸制度，不是由上硬加下來，而是表現、強化**自然的正義**感。

十八～十九世紀歐洲革命的時代，法國高舉抽象性、普遍的各權利教義，與之相對，公平競爭則提供給英國人社會性認同的框架。他們沒有被抽象的理念、要服從強而有力的政府所束縛，而是遵從自己內在的感覺，將之作為法律、習慣外部化，自發性地服從。

因此，公平競爭不僅是適用於遵守規則以及社會生活的必要條件，也是對共同活動有著深層信念的必要條件。這是最根深蒂固的英國人氣質，說近點是歸順於集團、團體，說遠點就是對象徵國家的君王獻身。

在日常生活中要培養公平競爭的精神，可以利用運動。但不是像中世紀那樣粗暴地身體互撞，而是了解規則、有裁判的現代運動。在英國，從十八～到十九世紀，注重公平競爭的運動精神大受讚揚。

英國人，首先是從貴族、紳士階級起矯正暴力性，增強忍耐力，最終則推動成為全體英國人的特徵。

板球、馬球、賽馬與近代運動的發源

讓我們來看一下英國代表性的運動。首先有一項叫做板球的英國式運動（圖6-8）。起源是十六世紀，這是有午休、午茶時間，既纖細又有趣的紳士們的遊戲，於一七四四年製作了全國統一的規則。這項奇妙的運動與十九世紀維多利亞朝時代的紳士們很相稱，這個運動被認為是動作優美又值得人尊敬的遊戲而大受推薦，從一八〇五年起，伊頓公學與哈羅公學相互競賽而成為傳統。這運動是在等待對方失誤，進行得非常

圖6-8　18世紀的板球

緩慢，很多時候，就算花上一整天也比不出個結果。

還有另一個貴族運動是馬球，那是專屬英國而他國人不太能理解的。這起源於古代波斯，英國在殖民地印度發現了這項運動，於一八六〇年帶回本國，制訂新規則，並發展開來。這遊戲是由四名隊員組成一隊，騎著馬用球桿擊球，擊中對方的球門就算得分。

王族不可能對這樣慢條斯理又優雅的貴族運動視若無睹。馬球是馬上的競技，很適合王族從事。例如伊莉莎白女王（二世）的丈夫愛丁堡公爵（菲利普親王殿下）是馬球的名人，其子查爾斯以前在劍橋大學讀書時被選為馬球候補選手。查爾斯與戴安娜前王妃的兒子威廉王子以及亨利王子也把馬球當成興趣為樂。

還有另一個王族尤其關照支援的活動——賽馬。眾所皆知，一五七四年，伊莉莎白一世在頻繁造訪的索爾茲伯里（Salisbury）平原賽馬場製作了看台。歷代許多君王都是賽馬的庇護者、愛好者。除了伊莉莎白一世，詹姆士一世、查理一世都是賽馬的大粉絲，在他們的時代，建立了紐馬克特（Newmarket）這個賽馬城鎮。

王政復辟的查理二世也喜歡賽馬，他不滿足於只是觀戰以及馬匹飼育、買賣等，也自己騎馬出賽，一六七一年一〇月十四日，他在紐馬克特賽馬場舉行的競賽中獲得優勝。

關於王室與賽馬的關係，值得特別提出的有威廉三世在漢普敦打造了專用的繁殖場，以及安妮女王親自創設了皇家雅士谷賽馬會（Royal Ascot，現在仍為王室所有）。國王與王族們之後也熱愛、保護賽馬，並祈願王室的馬匹獲得勝利，可以說，「賽馬就是國王的運動」。

此外，現在的伊莉莎白女王也喜歡大型賽馬，她擁有賽用馬，而且會在每年六月去觀賞葉森打吡大賽（Epsom Derby）。電視中也曾播映出她因為對比賽過於興奮而離開自己座位，跑到最前排的模樣。

英國被視為是現代運動的發祥地，除了現在舉出的「貴族式」運動，像是足球、網球、橄欖球、動力運動*等庶民式運動也是在英國成立起來的。

*註：動力運動是一種以集團形式使用機動車為主的競爭賽事，不論是競速或非競速競賽皆屬之。

從哥德小說到推理小說

本章在先前已說過，「英國除了文學，沒有其他偉大的藝術」。英國文學的發達是在大英帝國最繁盛時期的維多利亞時代，這些文學的特徵就是在第5章有提過的關注死亡、現實主義以及故事性敘述。

我們首先來看一下在維多利亞朝之前流行過一段時間的「歌德小說」，這個文類在短時間內很受歡迎，也影響了之後的小說。其開端是一七六四年，知名政治家之子賀拉斯・沃波爾（Horace Walpole）所寫的《奧特蘭托堡》（*The Castle of Otranto*），這個故事以朽爛陰冷歌德風的建築物以及成為廢墟的修道院、地牢等為舞台，描寫出山賊、對血感到飢渴的惡魔、在殘忍的宗教審判中殺了孩子等嚇人場景，引起人們的恐懼。其中還描寫從天上降下大型盔甲等異常現象。

雖然簡直就是惡魔的世界，卻有精神宣洩的效果，讓人從新教嚴格主義的道德以及法律中獲得暫時的解放。十八世紀末，歌德小說達到最高峰，到十九世紀則開始衰微。

雖然歌德小說式微了，但不表示人們獵奇的興趣也跟著消失。豈止如此，一八二八年以後發售了只賣一便士的連載形式讀物，其中附錄的木版畫給人「把血當賣點」的強烈印象，勞工們也爭相閱讀。那被被稱之為「Penny blood」（廉價的恐怖、驚險小說）「Penny Dreadful」，以暴力與殺人為主軸，是既異想天開又形式僵化的三流小說，但卻大暢銷，讓出版社大賺了一筆。最暢銷的是愛德華・鮑沃爾・利頓（Edward Bulwer-Lytton）所寫的《佩勒姆——某位紳士的冒險》（*Pelham: or The Adventures of a Gentleman*，一八二八年），這部作品連國王喬治四世也非常喜歡，似乎還命令要在各王宮中準備一本。

到了維多利亞時期，《吸血鬼瓦尼》（*Varney the Vampyre*）等Penny Dreadful大受歡迎。此外殺人犯的傳記也陸續出版而受到批判。Penny Blood（Penny Dreadful）是交織著幻想的現實事件，而人們對現實的殺人事件也展現出異樣的興趣。

全英國人都像是素人偵探般，既恐懼現實的殺人事件，卻也進行著推理，例如一八二三年薩特爾引發的「埃爾斯特里（Elstree）殺人事件」、一八二八年威廉・科德（William Corder）引發「紅穀倉謀殺案」、一八四九年的「伯蒙德（Bermondsey）恐怖事件」、一八六〇年的「羅得西爾鄉村公寓謀殺案」（The Murder at Road Hill House）。犯人是出乎意料的人物，計畫既冷酷又縝密，殺人方法具有刺激性，殺人場所也令人意想不到，所以看起來更美妙。報章雜誌連日來也騷動不安。其中刊載有惡毒插畫的巨幅傳單（Broadside，印刷一張的瓦版印刷品），因為便宜，勞工們也競相購買。

此外，還有好幾萬群眾受到好奇心驅使，群聚去看殺人現場、搬運屍體的馬車、被處刑的犯人遺體等，簡直就像是朝聖般。殺人事件成了紀念品（服裝配飾、工藝品、繪畫、殺人現場的陶器複製品），或是街頭戲劇、木偶戲和拉洋片，又或者是將之做成謠曲，大家都努力記住歌詞歌唱。

而「蠟像館」這個地方，就是以此為背景，將知名殺人犯做成蠟像，使之獲得了永恆的生命。最著名的就是於威廉四世時代製作並持續至今的杜沙夫人蠟像館，在那「恐怖的房間」中展示著知名殺人犯與其相關物品。尤其是下層階級的人們，會因在這裡與著名殺人犯面對面而感到開心。

說些題外話，英國民眾想在蠟像館看到的不只有殺人犯，還有王室相關人員。因此，在杜沙夫人蠟像館中，排列有一整排的英國王室成員，從亨利八世到現代的威廉王子與凱特王妃都有，去到那裡就能看見他們。

英國偵探小說與推理小說的輝煌傳統，之後仍持續著。十九世紀末是柯南・道爾的「夏洛克福爾摩斯」系列、二〇世紀前半是卻斯特頓（Chesterton）的「布朗神父」

（*Father Brown*）系列，之後則是阿嘉莎・克莉絲蒂女爵士（Agatha Christie）的時代，所有人的作品都有著「探討人性」的特徵，那是構成英國傳統式偵探小說的本質。

在殘留著維多利亞時代氛圍之中所創作出的偵探、推理小說，利用充滿了陳舊、欺瞞、規範的社會，深入去描寫那些性格並探究人性。

查爾斯・狄更斯（Charles Dickens）可說是被各作家尊為導師的作家。他的作品中充滿懸疑性，到處都有謎團。例如在一八五三年出版的《荒涼山莊》（*Bleak House*）中出現了Bucket先生解開殺人事件之謎。狄更斯一連串的小說背景都是在倫敦的闇黑世界中，以偵探的眼睛探索、描寫，藉此毫不留情地暴露出這個時代的偽善——富裕的物質只是徒具形式，內在精神則很貧困。

英國皇家認證

接著，讓我們來看一下作為生活文化之國的英國與其君王。

聽到「英國皇家認證」，或許大家的印象是格調很高、無法觸手可及。當然就經過嚴格審查這意義來說，這些商品的確並非隨處都有，但其特徵是，即便是非常小的魚店、花店、鞋店、帽子店、以點心以及紅酒與起司為首的飲食用品店、香皂店、香水店、文具店等，會提供給王室非常多種多樣的日用品。

不僅有瑋緻活（Wedgwood）、哈洛德百貨（Harrods）、Burberry等高級品牌以及大型電腦公司，現在約有八〇〇個企業與個人會提供物品給王室。

對王室來說，那些東西也不是一次性的提供，必需是君王或王子對各自喜歡的產品生產者提議將之列入認證清單，若生產者有所回應，就能獲得在商店入口或商品包裝上貼上表示王室認證的徽章。同時，王室認證清單，每五年會重新修改各商品，所以也有被取消的。一九九九年，伊莉莎白女王就因取消了對香煙公司加拉赫（Gallaher）的認定而造成話題。

ROYAL WARRANT（皇家認證）對政治、經濟有特別大作用的，是在維多利亞朝代。在維多利亞女王時代，因ROYAL WARRANT的力量，許多商業都受到保護，經濟大為提升。之所以如此是因為女王在其統治期間，認定了二〇〇〇件ROYAL WARRANT，給予他們絕大的信用。這完全就是「百姓君王」維多利亞才能做到的事。

當時被認定的福南梅森（Fortnum & Mason，百貨公司）、舒味思（Schweppes，飲料）、唐寧（Twinings，紅茶）等到今日仍維持著WARRANT，此外還有好幾間商店及企業在二〇〇年前就受到了認定。就像這樣，國王站在最前線守護國家商業，使其獲得發展的辦法，之後也一貫受到英國採行並持續下去。

英國皇家認證的歷史甚至可以追溯到更久遠之前。國王所認定的最古老認證是一一五五年亨利二世授予紡織企業的。到了十五世紀，出現近似今日的ROYAL WARRANT，王室的御用商人也獲得了認證。最初被認證的人是威廉・卡克斯頓（William Caxton），這位英國第一位印刷師傅是在一四七六年被認證為國王的印刷業者。

順帶一提，現在只有伊莉莎白女王、愛丁堡公爵（菲利普親王殿下）、查爾斯王子三位王族有認證權。

西裝的誕生

即便沒有皇家認證，有時國王中意的東西也會廣泛流傳到貴族甚至庶民百姓間。可以馬上想到的就是西裝、套裝。西裝簡直就是和成為共通語言的英文一起席捲了廣大的世界，其機能性與氣質可以說完全就是英國式的。

這部分也與國王有關。從中世紀末起，男性服飾的基本就是doublet（短襯襖）與

hose（短褲），但在一六六六年時，查理二世主張穿著背心與馬褲（短褲）後，這些與上衣搭配起來就成了成套西服的源頭。這是在一六六六年的事，接著加上了襯衫，周遭的貴族與廷臣都模仿起這組合，穿著成套西服的風氣因而拓展開來（圖6-9）。

從十八世紀末到十九世紀，成套西服的基本樣式就是騎馬服風格，紳士們歷經了在鄉村穿著長外衣與長禮服的時期後，他們在有領子的長袖上衣與筒形褲子（此處從短褲變成了長褲！）加上背心等，稍微就有了點現代風。據說上下衣料全部相同的西裝直接起源就是十九世紀中葉的西服。

圖6-9　查理2世看到的西裝原型（左），以及1906年的三扣西裝（右）

時尚轉變成適合西裝誕生之際，事實上，有許多國王會在倫敦社交界誇示自己愛裝扮、重外表，對成為時尚領袖很有興趣。除了以花花公子帝王而遠近馳名、喬治・布魯梅爾（George Bryan）的庇護者喬治四世，對時尚異常關心的愛德華七世、喬治五世、愛德華八世都是代表性的創造時尚者，影響了紳士服，漸漸做成了今日的成套西服。

對他們來說，對時尚的堅持是為了要維持國王的權威、提高威嚴，但不料，不僅是貴族，知識階級以及市民們也採用西服作標準服，增加不少喜歡穿起來舒適又有實用性的西裝、成套西服愛用者。

英國曾被說是「女王、英文與ＢＢＣ（英國公共媒體）之國」。王室的宣傳效果以及經濟效果很大，是不能被忽視的代表英國軟實力之一。最近，凱特王妃身上穿戴的洋裝、裝飾品在全世界的女性中造成話題，宣傳效果非常大。王室成員去國外訪問時會有相關企業者伴隨一起，將販賣英國產品與開拓市場配成套。王室成員是最好的廣告塔，是英國第一的銷售員。

英國王族的權威與公信力正來自於英國國民對君王以及王室的敬愛，也是因為其他國家國民覺得他們看起來很討人喜歡或者說很耀眼吧

第 7 章

陪跑媒體的大眾王

從喬治5世到伊莉沙白2世

——西元1910年～——

在溫莎堡放鬆休憩的喬治6世一家

第一次世界大戰與工黨興起

愛德華七世之後是由次子喬治五世繼位（一九一〇～一九三六年在位）。他與病逝兄長未婚妻瑪麗結婚，得到賢內助很大的幫助。他在還是王子的時期就模仿其父王，熱心視察殖民地，巡遊的距離長達有七萬二四〇〇公里。

他身為立憲君主，會留心給予內閣恰當的建言。例如針對從上議院（貴族院）奪取立法權以讓下議院掌握國政實權的議院法案，當上議院只想著自己的利益而抵抗內閣時，他行使否決權以及新貴族敘爵的大權，幫助了自由黨的阿斯奎斯（Asquith）完成立法。託此之福，一九一一年時，本案才經上議院通過。

可是一九一四年六月，因奧地利王儲夫妻在塞拉耶佛（Sarajevo）被暗殺，發生了第一次世界大戰。英國、法國、俄羅斯等協約國並肩與德國作戰，損失很慘重，單是英國人就有約九〇萬人殞命。一九一八年，英國軍隊投入戰車，壓制住德軍，因而取得勝利。

大戰期間，喬治五世展現出了為戰爭獻身的姿態，不僅和王妃一起前往艦艇、運輸船以及醫療船，也去了戰地、野戰醫院。此外，當時許多英國人對於擁戴德國係王室感到不快，所以將其名稱從「薩克森・科堡・哥達王朝（Saxe-Coburg and Gotha）」改成了英國風的「溫莎王朝」，這是來自於與歷代君王都有緣的溫莎堡。

戰後，英國國力弱化，帝國也瀕臨分解的危機。在印度、加拿大、澳洲以及愛爾蘭等地，「本國」英國的優越地位已非理所當然，因此各地都發起了獨立運動。從前統整起大英帝國的法律、制度以及習慣被修正，在倫敦的帝國會議（一九二六年）上，形成了新的「大英國協王國」。此外，《西敏法令》（*Statute of Westminster*，一九三一年）承認了加拿大、澳洲、紐西蘭、紐芬蘭、南非聯邦、愛爾蘭自由邦的各自治領政府與本國在形式上的地位相等。

可是英王並非對自治領毫無用處，相反地，英國的王冠作為大英國協王國的共通象徵，有著連帶、忠誠義務，以及建言、承認的權利。

第一次世界大戰後，在經濟蕭條中，以煤礦為首，舊有的產業衰退了，雇主計劃減少資金、增加勞動時間，對此，勞工大為反對。勞工們對政府的幻想也破滅了，於是不斷挑起勞動爭議，同時，三〇年代中，從蕭條的地域到倫敦，舉行了一連串的「飢餓遊行運動」，揭露了失業者的困境。

即便罷工與示威被鎮壓，工會仍增強了實力，使得政治家無法忽視勞工的要求。一九〇六年組黨的工黨大為活躍，一九二四年勝選而成立了工黨內閣。而遲了許久的女性普選權則要到一九二八年才得以實現。

一九二九年，世界陷入嚴峻的景氣退縮，也就是所謂的「經濟大恐慌」。一九三〇年代時，北部的紡織與煤礦等傳統產業尤其嚴重低迷，出現了許多失業者。可是在英格蘭中部與南部，則萌生了新產業，包含汽車、飛機以及電子學等。

喬治五世晚年，面臨了國內外各種問題，包括有愛爾蘭獨立問題、納粹與德國的興起等。一九三五年，他在自己即位二十五週年的紀念儀式典禮上向國民坦率說自己是一介平凡人，他是位非常親切的國王，深受眾人喜愛，但隔年逝世了。

愛爾蘭問題的結果

愛爾蘭自治法案的成立正是在喬治五世的時代，這成為了日後該國獨立（僅限南愛爾蘭）的立足點。愛爾蘭是讓二〇世紀的英國大為擾動、苦惱的問題。

格萊斯頓（Gladstone）提出的愛爾蘭自治法案二度在上議院中被否決。一九一二年，自由黨的阿斯奎斯在議會中第三次提出自治法案，但也失敗了。一九一四年，法案又在英國議會被提出時，喬治五世出面調停保守黨與自由黨的對立。結果因第一次世界大戰的開戰而緊急立法，才終於在議會中通過。

在大戰中，因為在愛爾蘭內以建立共和國為目標的「復活節起義」失敗、首謀者被處刑，而英國又在愛爾蘭實施徵兵令，讓愛爾蘭一口氣爆發了反英情緒。之後新芬黨興起。愛爾蘭於一九一九年開始了對英國的獨立戰爭。

英國政府制訂了各種法律，像是《愛爾蘭政府法案》（*Government of Ireland Act*，一九二〇年），以鎮服愛爾蘭。而「北愛爾蘭」是由新教徒較多的阿爾斯特（Ulster）六郡所組成。一九二二年，愛爾蘭自由邦（之後的愛爾蘭共和國）在南部成立。可是在北愛爾蘭內，天主教住民在政治、經濟、社會上受到差別待遇，北愛爾蘭與南愛爾蘭各自組織特別軍，對其進行虐殺。

同時，北愛爾蘭的內戰在第二次世界大戰後仍持續著。自一九六九年起，目的為統一南北的武裝組織ＩＲＡ（愛爾蘭共和軍）擴大並展開武裝鬥爭，頻繁發生恐攻。北愛爾蘭的少數派——天主教居民，日常都因新教的軍事組織以及阿爾斯特警察的襲擊而恐懼不已。於是英國政府於一九八二年採行「密告者作戰」「射殺政策」來鎮壓ＩＲＡ。

之後，布萊爾（Blair）在出任首相後促使ＩＲＡ再度停戰，同時為了和平提出新的提案，但無法獲得各政黨的同意，反對聲浪很大。

經過長年的努力，一九九八年四月，透過由新設北愛爾蘭地方議會以及南北議會代表組成而創設的「南北評議會」，以由英格蘭、蘇格蘭、威爾斯各議會代表組成的「協議會」進行活動為主軸，完成了和平協議〔《貝爾法斯特協議》（*Belfast Agreement*）〕。

伊莉莎白女王也為了和平盡心盡力。二〇一二年五月，她以女王的身分訪問了愛爾蘭，此次訪問距其祖父喬治五世以來暌違有一〇〇年，她拜訪了在第一次世界大戰中被徵召為英國兵並戰死的愛爾蘭人犧牲者紀念碑以及其他地方。此外，隔月，她在北愛爾蘭貝爾法斯特與前ＩＲＡ司令官馬丁・麥吉尼斯（James Martin Pacellill McGuinness）會面並握手，這件事也蔚為話題。

這些事雖看似加速了兩國的融冰，卻還不到全面解決。

傳聲國王

到了二〇世紀，王權對國民的展現方式因收音機的出現而有了很大的改變。關於這點，水谷三公在〈英國王室與媒體——愛德華大眾王與其時代〉（イギリス王室とメディア——エドワード大　王とその時代，文春學藝文庫，二〇一五年）一文中有詳細的說明。

BBC是在一九二二年開始播放廣播，普及到英國家庭中是在一九三〇年代。到一九三三年，半數家庭都有了收音機，到一九三九年則幾乎所有家庭都有收音機。此外，電視台開始播放是在一九三六年，但在第二次世界大戰時中斷，於一九四六年又再開播。

最先讓自己的聲音隨收音機直接傳送到國民耳邊，並獲得廣大迴響的國王就是喬治五世。國王在戰爭期間的一九二四年四月二十三日，親臨在倫敦郊外溫布利（Wembley）的大英帝國博覽會開幕式。當時英國國王宣告開幕的演說，經由BBC的播放，傳到了各家庭中，讓聽廣播的人們陷入狂熱。當時的人口約有四五〇〇萬人，其中有超過一〇〇〇萬人都聽到了國王的聲音。此外，王子愛德華代替國王前往閉幕式，他對大家打招呼的話也透過收音機流洩而出。

政府也關注這效果，期待透過國王的發聲能醞釀愛國心、整合國民。一九三二年，BBC開始帝國播放服務的同時，也實現了國王演出聖誕廣播。聖誕廣播不僅可在英國本國收聽，國王的問候甚至遠達印度、澳洲、加拿大、西非等殖民地、自治領，大家似乎都對喬治五世沉著、冷靜的說話模樣而感動。他因此播放之故，被大為稱讚是「好丈夫兼好爸爸、偉大的凡人、誠實又謙虛的努力者」。

同時，國王的BBC聖誕廣播仍一直持續到今天。一九五七年，伊莉莎白女王首次利用電視進行聖誕演講，此後，王室的情況就時不時會如實呈現在全國觀眾眼前。

眾所周知，喬治五世的兒子愛德華是個很幽默的人，也很親近國民，他很關心讓下層民眾所苦的失業問題、住宅問題，也想盡力解決。愛德華對於廣播播放一事也很積極，自身為王儲的一九二二年起，他就會找尋各種機會，使用廣播對國民說話，被稱為「廣播王子」。

一九三六年，他在父親之後繼位為愛德華八世（一九三六年在位），但他為了和一位叫做華里絲・辛普森（Wallis Simpson）、歷經兩次婚姻的美國女性結婚，僅在位三二五日便退位（也就是所謂的「不愛江山愛美人」）。英國國王也同時是國教會首長，所以他們的婚姻是不被許可的。他在此時也利用了廣播。他利用BBC廣播，宣布退位，坦率地向國民告白：「沒有心愛女性的支持，我無法盡國王的職責」。

因此，他的弟弟約克公爵意外登基，成為喬治六世（一九三六～一九五二年在位）。他是伊莉莎白女王的父親，但他有語言障礙，一點也不想成為國王。一九三六年，他雖和妻子伊莉莎白・安吉拉・瑪格麗特・鮑斯-里昂（**Elizabeth Angela Marguerite Bowes-Lyon**）一同加冕，但就如他所害怕的，他在演講上大失敗。可是聽到他演講的澳洲語言治療師對他伸出了援手，與國王同心協力、不屈不撓地努力克服了語言障礙，連他不擅長的演講也驚人地大有展進。喬治六世還透過了收音機向德國宣戰。

之後，能透過廣播說話的喬治六世引起了絕大多數國民的共鳴，並備受稱讚。二〇一〇年上映的英國電影《王者之聲：宣戰時刻》（*The King's Speech*）講述了關於喬治六世的口吃以及克服口吃的故事，蔚為話題。

戰爭期間，王室不僅利用廣播，還有電影。但與其這麼說，還不如是電影利用了王室。從那時起，王室也會大量出現在電影院播放電影之前或是中間空檔時所放映的「新聞短片」，生動地讓各階層的人們看到國王與王族的模樣，因而誕生了大眾王。

第二次世界大戰與解體的帝國

喬治六世的時代完全是處在第二次世界大戰的漩渦中。他與其家人在大戰中並沒有去避難，而是在倫敦和國民一同奮戰、激勵國民，獲得了「好國王」的評價。

大戰開始於一九三九年九月三日，英法針對德國侵略波蘭而宣戰。戰時，汽油、糧食、衣服都成了配給制，必要物品也面臨不足，生活很艱苦。人們認為，「勝利是挖出來的」，於是不斷擴大耕地。一九三九年，耕地面積為四八六萬公頃，到了一九四五年則增加到七二八萬公頃。

英國主要都市雖遭受到德軍轟炸，卻撐了下來。一九四五年五月七日，德意志國防軍向同盟國軍無條件投降，大戰結束。可是英國受害頗大，約有四萬名市民犧牲，約一〇〇萬戶的家園被破壞或遭受極大的損害。

英國在戰後給予舊殖民地諸國的居民可選擇英國國籍的權利，這其中也有想解決勞動力不足的企圖。除西印度群島、印度、巴基斯坦，從非洲諸國也湧入大量的移民。因多年的移民政策，英國社會的民族多樣性也很令人吃驚。雖然不是勉強追求同化的多文化主義，但其中既有寬容的一面，也有漠不關心、人種歧視的一面。各式各樣的人種問題在各地發生，為解決這些問題，英國政府於是創設了「人種問題廳」。

圖7-1　1953年，伊莉莎白2世的加冕儀式

戰後數年間，英國的物資都不足，不得不持續配給制，但經濟狀況卻漸漸回復了，工資提升，人民生活也變富裕了。開始如此嶄新的英國發展時期，正是在伊莉莎白二世（一九五二年起即位～）的時代（圖7-1），她於一九五三年六月二日舉行加冕儀式。

英國戰後的政治從一九五一年起到一九六四年都一直是由保守黨執政，之後工黨於大選中獲勝，哈羅德・威爾遜（Harold Wilson）成為首相，他擔任首相一直到一九七〇年。

第二次世界大戰後，大英帝國漸漸瓦解。代之而起的是大英國協，這個共同體是各國以在憲政上完全平等為基礎，憑自由意志互相合作而成立。它起源於第二次世界大戰前因《西敏法令》而成立的加拿大、澳洲、紐西蘭等英國的聯合體，但當初是以大英帝國內的白人自治領為對象。

第二次世界大戰後，英國為與從大英帝國獨立出來的舊殖民地諸國維持家族性羈絆，因而擴大了國協。一九四七年，最初是印度與巴基斯坦獨立，接著在一九五〇～一九六〇年代則是亞洲其他各國以及非洲諸國、加勒比海殖民地也相繼獨立，如此一來，舊殖民地的各國就都進入國協的傘下。

約束國協的，只有以前屬於大英帝國的歷史事實，以及大家是團結於對英國國王懷有忠誠心這項事實之下。與ＥＵ（歐洲聯盟）、ＮＡＴＯ（北大西洋公約組織）不同，不是由合約或條約所締結而成。亦即，起作用的只有國王這個正式的紐帶。這並非是擁戴一個皇帝的帝國，而是即便各國有各自的體制，仍結合在國王這個個人之下。

二〇一七年時，有五十三國是國協的成員，其中有十六個是由女王統治的君主國，六個是有著獨自國王的君主國，也有三十一個共和國。其人口約十八億，占了全世界人口的約三〇％，面積則占世界陸地面積的約二五％。

英國國王雖是大英國協（commonwealth）的首長，但現任首長伊莉莎白女王也是國協的熱情擁護者。聯邦首腦每兩年會舉辦一次會議，與各國商量最佳的合作方式，但那並沒有決定性的強制力。

也有批評說那不過是對大英帝國的懷舊或虛榮罷了。此外，舊大英帝國在英國國內社會反映出貴族具壓倒性的領導力，具備有貴族式的威嚴，與之相對，人種、宗教都很多樣的諸國，不論是發展中國家還是先進國家，都能以平等立場參加的大英國協，則更為平常、一般。即便如此，以應該敬愛國王為扭帶的連結中，似乎仍留有餘力，讓這些國家們能和睦相處。

福利國家的未來

話說回來，據說英國在世界上是自豪於「從搖籃到墳場」的高福利國家，但在近代的英國，本來的弱勢救濟都是仰賴民間志工之力。連王族的慈善事業，也可以被看做是個人的事業。即便到了十九世紀，國家所給出的制度性援助也是最低限度的。

然而進入二〇世紀後，國家開始出頭。首先，老人年金法自一九〇八年起、國民保險法自一九一一年起開始實施。一九〇五年，任命了「救貧法以及失業救助相關皇家委員會」，因其推薦所產生的直接、間接結果，就是有了公家的補助、健康與福利服務等。可是當初公家福利與民間的區別很模糊，一直要到第二次世界大戰後，兩者才明確區別開來，英國也才以福利國家之姿展露於世。

契機是一九四五年的大選上，由克萊曼・艾德禮（Clement Richard Attlee）率領的工黨獲得了勝利。

他擔任首相到一九五一年，除了導入社會福利制度，也將煤、瓦斯、電力、運輸以及英國銀行國有化。一九四六年成立國民保險制度法以及國民保健服務，國家擔負起責任，實施正式的社會福利政策。而且所有人都有資格獲得失業補助、疾病補助、老人年金以及未亡人年金。一九四八年則導入國民健康保險。

這個想法在第二次世界大戰期間（一九四二年）的《威廉・卑弗列治報告書》（*Beveridge Report*）中被提出。製作者經濟學家威廉・卑弗列治（William Beveridge）是為了實踐提供全國民免費健康服務，以及給付家族津貼以消除貧困與不平等這樣的理想，而提出社會保險與相關服務的計畫。戰爭中，這項計畫被接受了，「福利國家」（The Welfare State）這詞彙也廣為流布。

可是一九六六年，碰上了國際收支虧損與通貨膨脹危機，隔年，因貨幣貶值，工黨政權不得不放棄國家計畫，各政黨政治家們都說，對一個良好的社會福利服務來說，經濟成長是不可或缺的。一九七三年石油危機之後，世界經濟更形混亂、停滯，使得此前進行的福利政策停擺。

這麼一來，「所有人都平等，醫院的治療費、住院費、檢查都免費，托兒當然一樣免費，公立學校以及教科書也免費，會發給每位孩子以及失業者充足的津貼」如夢幻般的社會福利就無法持續下去，不得不退一步改成不適用於外國人，以及牙齒醫療需付費等。一直到一九七〇年代末，卑弗列治的普遍主義已有大半成了虛有其表，到了一九八〇年代，再度推進民營化，減輕了地方自治體的責任。

即便如此，英國是福利先進國這點仍未改變。英國持續在追逐著「對所有人來說，健康都是免費的」這個理想。一九四八年，衛生大臣安奈林・貝文（Aneurin Bevan）打造了「國民保健署」（NHS）這個系統，他的名字到現在仍經常會出現在媒體上，也會出現在人們日常的談話中。

這個系統打造了一個強大的醫療中央集權系統，也就是所有國民都有家醫，而該醫師會將病人送至更大醫院的專科醫師那裡。就連在許多領域推行民營化的柴契爾政權，也無法對NHS出手。因為對英國人來說，這個系統是國家的驕傲，是團結的印記，是文明的象徵。

可是近年，這個「大家一起保障維護國民最低限度尊嚴的生活」的團結理想也變質了。因為「比起有錢的逃稅者，更不能接受窮困者不法領取補助」的人變多了，據說對領取失業補助以及疾病補助和身心障礙者都變冷漠了。關於這點，現在的日本也一樣，但如此扭曲心理的根本原因就在於貧富差距擴大。

鐵娘子的挑戰與之後

出現這樣貧富差距以及歧視窮困者風潮的決定性時代，就是一九八〇年的柴契爾時代。她在一九七九年擔任英國首位女首相，一直到一九九〇年，長期主導英國政治。

柴契爾就任首相之前的英國，工商企業疲弱不振，失業者也增加了。直到一九七五年春天，失業者增加到一〇〇萬人，攀升到勞動人口的五％以上。另一方面，一九七八年本應壓制通貨膨脹，工黨政府卻想說服工會將工資的上漲壓到五％以內。可是勸說失敗了，全英國都受到罷工潮襲擊。工黨政府失去人心，一九七九年，保守黨在大選中獲得勝利，瑪格麗特・柴契爾成了首相。

柴契爾雖企圖採用新自由主義和新保守主義來放鬆管制，同時將自來水、電、瓦斯、鐵路、航空、通信民營化以重整英國經濟，但一九八〇～一九八二年碰上景氣嚴重衰退，失業急增，因而飽受批判。然而，一九八二年四～六月，在關於福克蘭群島的紛爭中，英國對阿根廷取得了勝利，所以她的人氣再度回漲。之後景氣開始回復，失業以及通貨膨脹也被抑制。政府與工會的最終決戰在一九八四～一九八五年，煤礦等罷工雖相繼不斷，但勉強還是撐了下來。

柴契爾時代的後半，各種財政服務被自由化，取消保護同業公會，成了競爭社會。最初，許多銀行在國際競爭中被併吞，很是辛苦，但也託此之福，二〇年後，倫敦的城市成了能與美國華爾街並肩的金融中心也是不爭的事實。

柴契爾想讓社會的流動性更大，所以給了國民一個夢想：「所有人只要肯努力、有能力都能成為有錢人」。實際上，暴發戶是增加了，但也漸漸拉開了貧富的差距。她縮減了生活津貼以及教育預算，相信讓金融、商業發展順利，重整產業才是國家強化之道。於此，英國人傳統又優良的道德意識消失了。

可是，即便經歷了「鐵娘子」柴契爾的改革，英國人近九成仍主張：「今天的英國仍存有社會階級制度」。此外在最近，人們會批判以財力所建構起來的階級，使得義務的貴族性（noblesee oblige）意識則不復存在。而且因所得的差別擴大化，極為貧困者也增加了。

一九九〇年，柴契爾辭任後，約翰・梅傑（John Major）成了首相，肩負起政權。他提出「無階級社會」，呼籲所有人都要好好相處。但是他的支持度不高，一九九七年工黨終於獲得勝利，四十四歲的東尼・布萊爾（Anthony Charles Lynton Blair）成了年輕首相。布萊爾提出地方分權、與歐洲各國保持交流、改革上議院以成為「新英國」，並限制占上議院多數席次的世襲貴族議員，將英國最高法院從上議院分離出來等，著手改革傳統英國的統治制度。

他提出在國內外，要讓英國成為一個充滿自信的多人種、多文化國家。布萊爾辯才無礙，也有實行力，支持率很高，但因推動派兵前往阿富汗戰爭以及伊拉克戰爭（對抗恐怖份子的戰爭），所以支持率下跌。

此外，布萊爾顛覆傳統的改革精神也招致了與保守的英國王室間的爭執，伊莉莎白女王與布萊爾對立的場面就出現過好幾次。

努力開放王室

誠如前述，二〇世紀以後的英國王室很在意大眾對他們的看法，無視輿論就無法充分維持高權威。不像以前，只要獲得貴族的支持就行，要讓廣大國民看見他們的模樣、表露想法並獲取支持，這才是匯集敬意的方法。因此，只要逮住機會就與國民親切談話、輕鬆在倫敦市內散步的君王就出現了。

伊莉莎白女王以統治期間很長為榮，她也對輿論很敏感。一九五三年所舉行的加冕儀式，除卻塗油*等部分儀式，全都透過電視轉播。她到場的活動上，會細心注意一言一行要同時表現出威信與親和。一九六九年，ＢＢＣ的攝影機進入女王與家人居住的白金漢宮以及蘇格蘭的避暑地七十五天，收錄王室全家團圓的聲音，傳遍了全英國各地。

*註：基督教極為神聖的一種儀式。塗油禮被認為是入教的基本儀式，後來演變成一種賦予少數人以特殊政治身分和權力的典禮。為準國王塗上橄欖油，表明接受塗油的人已經獲得上帝的認可，成為正式的國王。

最近在二〇一二年倫敦奧運開幕式用的短片上，女王親自出鏡，允許在自家進行攝影，而且還演出了「和〇〇七一起從直昇機上用降落傘降落」的場景。此外，國民還看到了女王前往PUB喝啤酒的模樣、去麥當勞，以及積極前往地方巡視。

王子查爾斯表現得更是直爽，二〇一二年的BBC六〇週年紀念上，他扮成天氣播報員演出，以連專家都甘拜下風的模樣預報天氣，讓國民大感開心。他還跟工廠勞工以及女警官一同在餐桌上吃飯，展現出輕鬆談話的庶民派模樣。他也會積極參與地方紀念活動，親自傾聽人們說話。他還特別進入到大都市中的難民營，以充滿共鳴的話語和貧苦勞工們對話，那姿態反映出了現代「福利王政」的模樣。

而王室相關人員會像這樣更關心「向國民展現王室」的機緣，就是「首度」被搬上台面的黛安娜前王妃的意外死亡。黛安娜格外熱心於消除地雷以及兒童福利等慈善。在誤以為HIV（愛滋）是「接觸到就會被傳染」的時代，她與患者握手的照片被公開，大為改變了世界人們對HIV的認知。與查爾斯離婚後，國民依舊很敬愛黛安娜。

王室切身體會到，為了存續下去，需要國民的支持，為此王室必須改變。若想展現出「貼近國民的王室」，就要主動發布訊息，積極活用社交媒體——英國王室的網頁、臉書帳號、官方YouTube頻道。

可是，像這樣持續將王室攤開在大眾面前會造成關係的不睦，由於大眾們喜歡窺看他人隱私、喜歡造謠中傷，而那就成了推波助瀾的大眾日報、小報、狗仔隊等貪慾好奇心的誘餌。男女關係固不用說，連家庭生活內情、去看醫生等都暴露了出來。

現代的君王與王族，除了一方面要展示自己是一般良好的愛家顧家型人，也必須在一定程度上保留貴族性、神秘性，是處在一個非常艱辛的時代。

蘇格蘭獨立運動以及脫歐的衝擊

現在，不僅是王室，很多人都感受到英國本身也持續有著巨大的改變。第二次世界大戰後，大英帝國就消失了。國力次於德國，經濟程度與法國相當，人口則是世界第二十一多，英國當然是先進國家，但也可以說是中型規模的國家。而且，作為「大不列顛暨北愛爾蘭聯合王國」的統一性，也面臨了危機。

一九九七年，布萊爾的工黨內閣，針對蘇格蘭與威爾斯的地方分權進行了地方性公投，兩方的分權化都獲得了贊同。而決定稅金與法律的蘇格蘭議會在一九九九年於愛丁堡的蘇格蘭教會大會堂復活，威爾斯也設立了國民議會。

在北愛爾蘭，也因一九九八年的《貝爾法斯特協議》而重新建立議會。威爾斯在一五三六年、蘇格蘭在一七〇七年合併於英格蘭，議會也被統整為英國國會，但似乎也存在有離心力以及與此相反的活動。

在二〇一四年九月圍繞著蘇格蘭獨立的公投中，有可能使得維持了三世紀以上的大不列顛國民國家模樣出現極大的變化，但贊成是四四・七%，反對是五五・三%，所以被否決了。可是以獨立為目標的火種卻持續不歇。

還有一個大問題是英國與EU的關係。英國在一九七三年加盟EU的前身EC，在一九七五年的公投中獲得了六七%的贊成。

可是與其說這是出自於英國想要與歐洲大陸一體化的真心，不如說是以經濟利益為優先，出自功利主義的考量。柴契爾首相所說的「我希望能把我的錢還我」就能表示出這點。此外，英國並沒有使用EU的共通貨幣歐元。英國的貨幣英鎊是國家的一種身分象徵，許多人都認為，沒有女王陛下肖像的紙幣「不是錢」。

一旦景氣低迷、失業增加、發生其他社會問題時，媒體競相指責是EU的錯，而大眾則對此有共鳴傾向，這感覺也是歷經漫長歷史而來：英國想與歐洲（大陸）保持距離，不想一體化。十九世紀中葉的首相巴麥尊勳爵也曾說過：「我們既沒有恆久的朋友

（同盟國），也沒有恆久的敵人（敵對國）。」英國的政治家們先不論他們有沒有說出口，但許多人似乎也都是這麼想的。

可是現今情況已經不同，英國要發展經濟，就必須開放經濟，積極接受外國人或外商企業。英國本就對移民比較寬容，尤其是在第二次世界大戰後，以舊殖民地為首，接受了來自許多地方的移民。所謂的英國人並不是依人種或民族來定義，而是「聚集在王冠下的人」。

然而最近，輿論紛紛將失業問題、貧困問題歸咎於在EU內移民的議論紛起，在二〇一六年的公投中，脫歐派以些微差距獲得勝利。今後，英國與歐盟的關係會變得如何雖難以預料，但或許難以說是充滿希望的未來吧。

二〇一六年，在公投前幾週，伊莉莎白女王在晚餐會的談話中說出：「請說出三個英國必須要成為歐洲一部分的原因。」這段發言被刊登在小報上廣為流布，引起人們臆測，女王是否希望脫歐？白金漢宮似乎提出抗議：「女王在政治上是中立的，並未支持某一方。」但這場騷動也顯示出了國民的期待，國民們期望知道，女王是如何考量這會左右國運的脫歐問題。

英國的政治制度與國王的職責

從盎格魯薩克遜時代到現代，我們以國王為中心，回溯了英國的歷史。我認為，英王在超過一〇〇〇年的歷史中，完成了他們一貫的任務。首先是立憲君主制，進而肩負其中一方的重任（另一方是議會），使議會制民主主義形成。在此，我們試著來統整一下在各時代中國王做成的事項吧。

首先，在盎格魯薩克遜時代還沒有個像樣的議會，是由地方豪族構成賢人會議（Witan），其中已經有了限制王權的機制。

從諾曼第王朝歷經金雀花王朝，開始了陪審制，同時統一了各地方不同的習慣法，完備了判例主義以及全國共通的共同法。一二一五年的《大憲章》以及十三世紀後半～十四世紀一連串的Parliament（議會）中，主張國王也須服從法律的支配、課稅，以及施行、廢止法律須議會的承認，因此開始正式啟動代議制。

都鐸王朝時代，尤其是在亨利八世以及伊莉莎白一世的時代中，因「宗教改革」，英國從羅馬教廷獨立出來，成立以國王為首長的國教會。議會與王權相互支持的關係得到強化。此外，因貴族勢力的削減，下議院比上議院更擁有立法機能以及解決懸案的能力。

斯圖亞特王朝時代，奉行君權神授說想成為絕對主義君主的國王們，因革命而退場。《權利請願書》（*Petition of Right*），以及「光榮革命」之後的「權利宣言」與《權利法案》（*An Act Declaring the Rights and Liberties of the Subject and Settling the Succession of the Crown*）承繼了《大憲章》的精神，最後建立了「國王雖掌握主權卻不統治」的君主立憲制傳統，亦即國王在軍事、財政上從屬於議會，而且國王沒有法律的停止權，內政是交由議會負責。議會被制度化，形成了「議會君主制」。

接下來的漢諾威王朝中，政治交付給首相負責，政黨政治正式化，同時責任內閣制也走上正軌。在維多利亞女王時代，女王的政治權力減退，相反地，君主制成了社會中道德性力量，女王的權威被提高以作為團結國民的象徵（道德君主制）。「帝國君主制」結合了充斥著放大光榮的帝國，把虛飾的階級制度移植到了殖民地，在本國正式成立立憲君主制。

接著到了持續至現在的溫莎王朝後，初期的喬治五世與喬治六世時代，就表現出反映英國國民眾理想家庭觀的「家族性君主制」。

像這樣，國王與王室在歷史的進程中，性格雖大有改變，但其努力的結果，就是英國這個國家如爬螺旋階梯般，穩健地實現了民主式的立憲君主制。歷經超過一〇〇〇年，不論是國內政治還是大英帝國的事業，全都是透過國王陛下確實整合起來，正因為有國王在，才能確保正統性與持續性。

因此在英國，歷經千數百年而完成的立憲君主制，既非專制，更不是保守主義，反而應該說是一種裝置，透過了政治性立場的爭論，確保了統治的正確性。因此國王才成了代表國民全體的存在。

沃爾特・白芝浩（Walter Bagehot）這位十九世紀的政治評論家說過有著以下意涵的話：「像英國這樣的國家，有著議會、內閣、政黨政治發揮作用的部分，也有國王威嚴、神聖性的部分，由這兩者所形成的統治機構是最理想的。此外君主制是訴諸於廣大、眾多人的情感上，所以很堅固，而共和制則訴諸於理性，所以很脆弱。」追溯歷史的我們應該也能理解地認同道：「正是如此。」

英國國民的代表——國王

以上我想大家應該已經理解了，英國國王在漫長的歷史中，在政治性、制度性上是代表國民的存在而存續下來。

我們還認識到了另一點，就是英國國王作為貴族階級的首位，代表了他們的價值觀以及行動樣式，而這些就成了遍及全英國習俗與精神的源流。這尤其是自革命後到十九世紀更是明確化，是形成持續到現在「英國人」國民性的要素。不過這些已經在第5章、第6章中做過介紹了，這裡就不再複述，但這樣的國民性看來也在全球化的進展中逐漸變得淡薄。

話說回來，現在的伊莉沙白二世時代，因社會的世俗化、多宗教化，女王作為向來支持王政的英國國教會至上支配者的角色被弱化，也失去了作為大英帝國之長的光榮權威。殖民地一個接著一個獨立，伊莉莎白女王已經不再是印度皇帝，也不再是英國海外領土的統治者，而是大英國協之長，是由與英國相關各種政體、諸國家鬆散結合體的象徵，這點幾乎不會提高王權的權威，因此必得仰仗輿論的支持，這使得王室被迫犧牲其神秘性，必須透過媒體向世人展現其形象與想法。而這就是所謂的「大眾君主制」。

現在，查爾斯王子較為顯著的作為就是將慈善、慈愛工作當成王室最重要的職責任務，以各種形式來進行（福利君王制），並與多樣的慈善、福利活動團體合作，將不見容於社會的人、被虐待而受苦的人（失業者、殘障人士、文化中的少數團體）等攤在陽光下，讓他們的社會需要浮上檯面。

他聽取了被政府及工商企業菁英無視、不代表特定政治傾向群眾的聲音，所以提高了威信。英國國王擔任著國教會首長，所以是信仰的擁護者，但查爾斯因應時代的變化，公開表明願成為各種宗派、宗教的擁護者，這點也使得他備受矚目。

而且還有一點，眾所皆知，查爾斯王子也是自然環境保護、有機農業的提倡者。一九八九年，他說：「在自己的領地中，今後將推行有機農業。」他除了想要親身力行生態保育、有機農業，也將他領地（公國）的一部分——海格洛夫（Highgrove）的農場，歷經多年後全都改成有機農場。他用這裡的作物當成原料，打造自然優質的有機品牌「Duchy Originals」，該品牌的商品有食品以及頭髮、身體保養系列用品，成了現今代表英國之物。他也成了對自然環境友善的「生態君主制」旗手。

現代英國憲法學者維儂・博格丹諾（Vernon Bernard Bogdanor）陳述說：「所謂的君主制，只能依靠著社會基礎而存立。為適應於此，必須一邊轉變形式、立場，團結起國家與國民，所謂的君主制就是即便身處窘境，在本質上仍有想像力的制度。」

英國在決定脫歐的現今，就正在尋求前所未有的豐富想像力。

結語

說起來，我想著要用自己的方式來回溯英國史是最近的事。研究所時代，我的一位恩師這麼說過：「英國不是歐洲。」「如果英國史的研究者們不再多做點有趣的研究，會讓人提不起勁去學習啊。」我認為這兩句話說得真是對極了，所以銘記在心。

近幾年，推出了像是諾曼・戴維斯（Norman Davies）《群島：歷史》（*The Isles: A History*）的大作，以及劃時代的通史《不列顛群島上的牛津簡史》（*The short Oxford history of the British Isles*，全十一卷）等書，除了更打開我對英國史的視野，BBC出色的電視劇也讓我很著迷，因而更加留意起英國與其歷史。試著開始學習後也發現了許多「有趣的研究」。

本來日本從以前起就有許多英國史的研究者，累積的研究資料非常多，當然會有許多優秀的成績。不過，關於「英國不是歐洲」我這另一個長年以來的想法，英國人自己也是這麼想的，這點很清楚，所以並沒有推翻我從年輕時就銘記在心的那句話。

我雖想試著以國王來回溯英國史，但書寫關於英國王室與國王的歷史書已經有很多了，所以不得不去仿效這些書的結構。就我來說，回溯君王的歷史也就是呈現出英國這個國家的制度模樣，以及英國人的心性，得費盡心思。

君王們代表著英國與英國人，歷經千數百年，為因應時代的變化而改變性格。雖也有人預言王室會被廢止，但我卻悄悄擔心著，若王室消失了，受到日本所憧憬的許多英國（人）特長、優點是否也會煙消雲散了呢？

本書寫到這裡，與一開始以嘲諷挖苦的觀點——像法國人一樣——去看待英國史變得截然不同，我理解了英國人視飲食為燃料，並貼近了英國人說著口頭禪「Home！Sweet Home！」的心情，這讓我驚訝不已。加油，英國！

寫作本書時用到、參考到了許多英文、法文、日文學術上前輩們的研究成果，但以下僅特別列舉出主要文獻。

- 大衛・尼古拉斯・康納汀爵士（David Nicholas Cannadine）《Ornamentalism: How the British Saw their Empire》（2001）
- 琳達・柯莉（Linda Colley）《Britons: Forging the Nation 1707-1837》（1992）
- 凱思・湯瑪斯（Keith Thomas）《The Ends of Life: Roads to Fulfilment in Early Modern England》（2009）

・維儂・博格丹諾（Vernon Bogdanor）《The Monarchy and the Constitution》（1995）
・阿倫・麥克法蘭（Alan Macfarlane）、艾里斯・麥克法蘭（Iris Macfarlane）《Green Gold: The Empire of Tea》（2003）
・哈里特・里特沃（Harriet Ritvo）《The Animal Estate: The English and Other Creatures in the Victorian Age》（1987）
・露西・沃斯萊（Lucy Worsley）《A Very British Murder: The Story of a National Obsession》（2014）
・井野瀬久美惠《女たちの大英帝国》講談社現代新書，一九九八年
・上野美子《ロビン・フッド物語》岩波新書，一九九八年
・金澤周作《チャリティとイギリス近代》京都大學學術出版會，二〇〇八年
・君塚直隆《物語イギリスの　史》（上・下）中公新書，二〇一五年
・小林章夫・齊藤貴子《諷刺画で☒む十八世紀イギリス――ホガースとその時代》朝日新聞出版，二〇一一年
・櫻井正一郎《女王陛下は海賊だった――私掠で☒ったイギリス》ミネルヴァ書房，二〇一二年
・白幡洋三郎《プラントハンター――ヨーロッパの植物熱と日本》講談社メチエ選書，一九九四年
・平田雅博《英語の帝国――ある島国の言語の5年史》講談社選書メチエ，二〇一六年

池上俊一

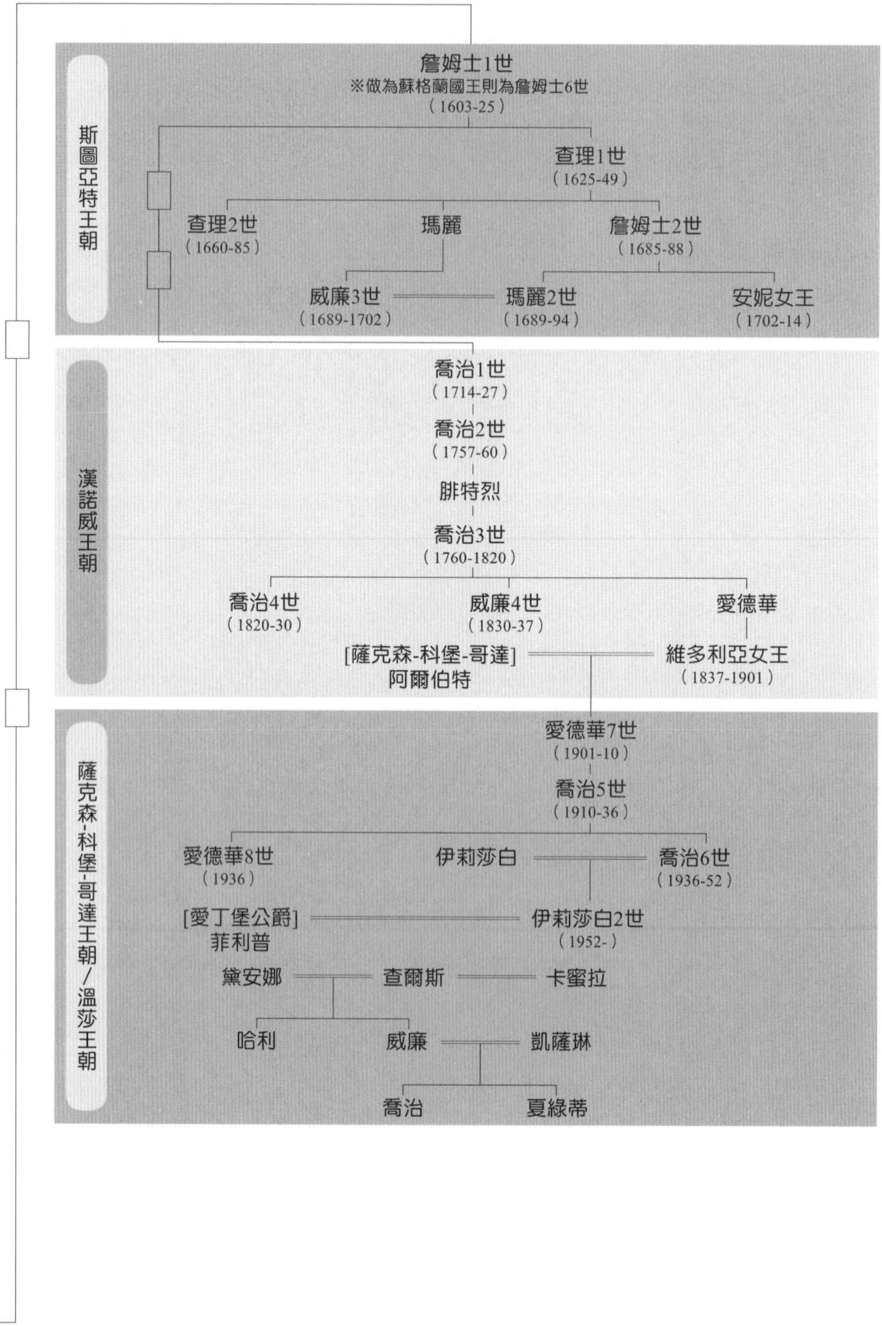
斯圖亞特王朝
詹姆士1世
※做為蘇格蘭國王則為詹姆士6世
(1603-25)
查理1世
(1625-49)
查理2世
(1660-85)
瑪麗
詹姆士2世
(1685-88)
威廉3世
(1689-1702)
瑪麗2世
(1689-94)
安妮女王
(1702-14)
漢諾威王朝
喬治1世
(1714-27)
喬治2世
(1757-60)
腓特烈
喬治3世
(1760-1820)
喬治4世
(1820-30)
威廉4世
(1830-37)
愛德華
[薩克森-科堡-哥達]
阿爾伯特
維多利亞女王
(1837-1901)
薩克森-科堡-哥達王朝/溫莎王朝
愛德華7世
(1901-10)
喬治5世
(1910-36)
愛德華8世
(1936)
伊莉莎白
喬治6世
(1936-52)
[愛丁堡公爵]
菲利普
伊莉莎白2世
(1952-)
黛安娜
查爾斯
卡蜜拉
哈利
威廉
凱薩琳
喬治
夏綠蒂

英國王室家系圖*

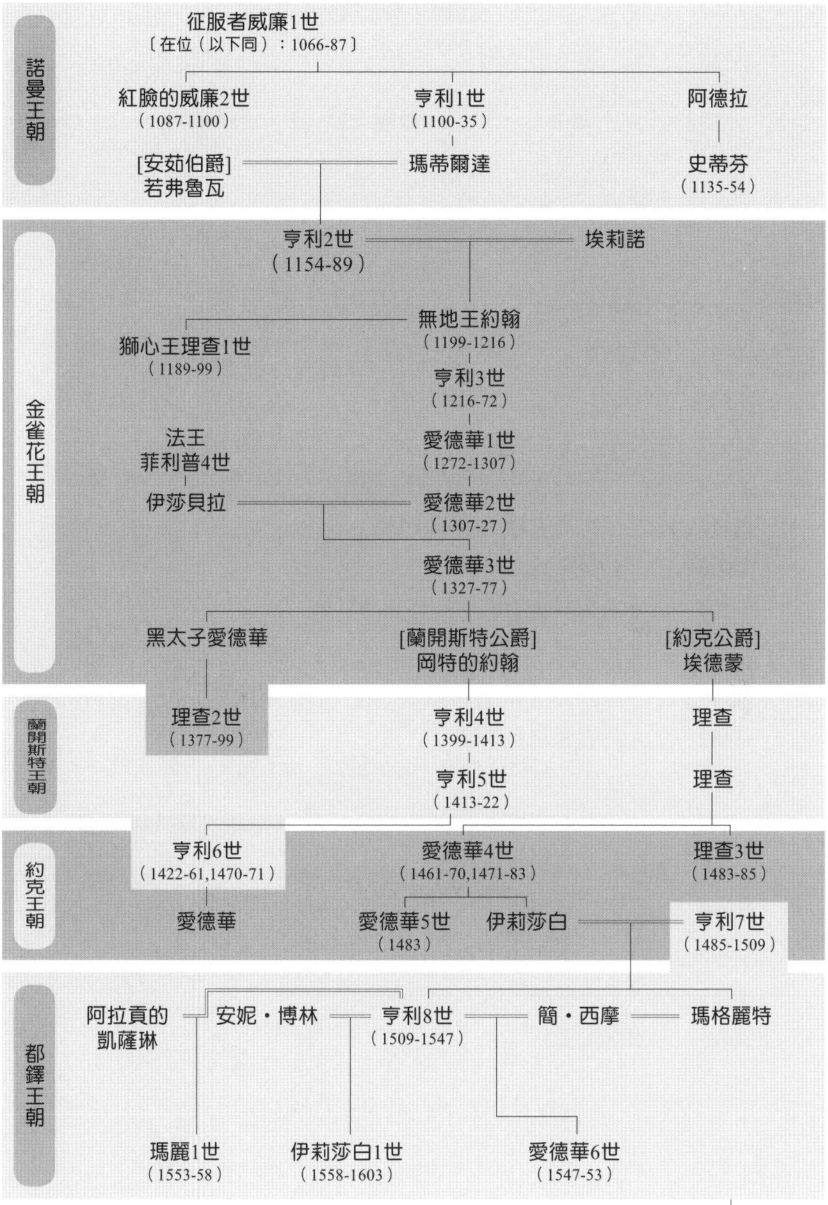

*註：資料作成於2018年12月。

1877 維多利亞女王被加冕為「印度皇帝」

1899 （第二次）波耳戰爭（～1902）

薩克森・科堡・哥達王朝（1901～1917）

1906 工黨成立

1914 爆發第一次世界大戰（～18）

溫莎王朝（1917～）

1922 愛爾蘭自由國（之後的愛爾蘭共和國）成立

1931 《西敏法令》（成立英聯邦）

1932 喬治5世開始進行聖誕廣播

1939 爆發第二次世界大戰（～45）。大英帝國解體。

1942 《威廉・貝佛里奇報告書》提出了「福利國家」的構想

1947 印度、巴基斯坦脫離英國獨立

1960年代 非洲諸國脫離英國獨立

1969 北愛爾蘭頻發暴動（北愛爾蘭紛爭）

1973 英國加入EC

1979 保守黨黨魁柴契爾成了英國第一位女首相（～90）

1982 發生福克蘭群島紛爭

1993 批准《馬斯垂克條約》（《歐洲聯盟條約》）

1997 誕生工黨布萊爾內閣。香港主權歸還中國。黛安娜前王妃於巴黎死於交通事故

1999 北愛爾蘭自治政府開始活動。在威爾斯與蘇格蘭設立地方議會

2005 施行《禁止狩獵法》（禁止狩獵狐狸法）

2011 威廉王子與凱薩琳・密道頓結婚

2016 公投決定脫歐

1660　王政復辟，查理2世即位

1666　倫敦大火，燒掉80%的市街

1673　成立《審查法》

1688～89　來自荷蘭的威廉3世與瑪麗2世因光榮革命而加冕，並發布《權利法案》

1689～1815　英國、法國殖民地之戰（第二次英法百年戰爭）

1707　英格蘭、蘇格蘭合併

漢諾威王朝（1714～1901）

1720　南海泡沫事件

1721～42　沃波爾成為第一任首相，議院內閣制發展起來

1760～1820　喬治3世統治時代，顯現出「福利君主制」的模樣

1733～1830年代　相繼發明・改良機械，推動工業革命

1776　美國13州獨立

1800　制定《契約法》。隔年成立「大不列顛暨北愛爾蘭聯合王國」

1811　開始盧德運動

1815　威靈頓在滑鐵盧之戰擊破拿破崙軍。制訂《穀物法》（～46）

1825　斯托克頓＝達靈頓間的鐵路開通

1829　成立天主教解放令

1832　第一次選舉法修正

1833　制定《工廠法》

1837　維多利亞女王即位。大英帝國繁榮

1838　發布《人民憲章》，之後憲章運動約進行20年

1851　舉辦倫敦萬國博覽會

1857　印度發生民族起義（隔年，直轄領化）

1867　第二次選舉法修正

1871　成立《工會法》

1258 西蒙・德孟福爾等人以《牛津條例》要求改革

1276～77 愛德華一世以「國王觸碰」治癒病人

1296～1328 蘇格蘭第一次獨立戰爭

1337～1453 英法百年戰爭

1348～50 鼠疫流行

1381 瓦特・泰勒的農民團結起義

蘭開斯特／約克王朝（1399～1485）

1455～1485 玫瑰戰爭

都鐸王朝（1485～1603）

1487 設置星室法庭

1534 亨利8世發布《至尊法案》，成立英國國教會

1558～1603 伊莉莎白1世統治時代，文藝復興文化興盛

1559 重新制訂《至尊法案》與《禮拜式統一令》

1587 蘇格蘭女王瑪麗被處刑

1588 法蘭西斯・德瑞克擊敗西班牙無敵艦隊

1592～1611左右 劇作家莎士比亞大活躍

1600 設立東印度公司

1601 制訂《救貧法》

斯圖亞特王朝（1603～1714）

1628 議會中提出《權利請願書》

1640 召集短期議會以及持續的長期議會（～53），爆發不列顛內戰（～1660）

1649 查理1世被處刑，廢除王制改共和制

1651 成立《航海法案》

1653 克倫威爾就任護國公

英國史年表

前7～1世紀左右　凱爾特人渡海來不列顛島，以部族為單位定居下來

羅馬時代（BC55～410）

前55／54　凱薩入侵不列顛

43　羅馬皇帝克勞狄1世入侵不列顛，成為羅馬屬州

122～132　羅馬皇帝哈德良在紐卡索＝波尼斯間建長城

410　羅馬軍從不列顛撤退

盎格魯撒克遜時代（410～1066）

5～6世紀　盎格魯撒克遜各族入侵不列顛

597　羅馬教宗派遣來的希波的奧古斯丁開始傳教

6～7世紀　七王國（Heptarchy）的紛爭，霸權一個換一個

642～670　奧西烏王統治時代。諾森布里亞王國掌握霸權

757～796　奧法王統治時代。麥西亞王國占據統治地位

8～9世紀　丹人（維京）入侵

886　阿佛烈大帝與丹麥王加斯姆協議，丹麥區誕生

1015～16　克努特大帝攻入英格蘭即位

諾曼王朝（1066～1154）

1066　黑斯廷斯之戰（諾曼人征服）中擊敗哈羅德，作為威廉1世即位

1086　編纂《末日審判書》

金雀花王朝（1154～1399）

1154　亨利2世即位

1171～72　亨利2世征服愛爾蘭

1215　約翰王承認《大憲章》

Note

國家圖書館出版品預行編目(CIP)資料

王室英國：國王、海盜與大不列顛的崛起 /
池上俊一作；楊玉鳳譯. -- 初版. -- 新北市：
世潮, 2020.04
面；　公分. --（閱讀世界；30）

ISBN 978-986-259-065-2（平裝）

1.英國史 2.王室制度

741.1　　109000048

閱讀世界 30

王室英國：國王、海盜與大不列顛的崛起

作　　者 / 池上俊一
譯　　者 / 楊玉鳳
主　　編 / 楊鈺儀
編　　輯 / 陳怡君
封面設計 / Chun-Rou Wang
封面圖片 / Icon made by Freepik from www.flaticon.com
出 版 者 / 世潮出版有限公司
地　　址 / (231)新北市新店區民生路19號5樓
電　　話 / (02)2218-3277
傳　　真 / (02)2218-3239（訂書專線）、(02)2218-7539
劃撥帳號 / 17528093
戶　　名 / 世潮出版有限公司
單次郵購總金額未滿500元（含），請加80元掛號費
世茂網站 / www.coolbooks.com.tw
排版製版 / 辰皓國際出版製作有限公司
印　　刷 / 傳興彩色印刷有限公司
初版一刷 / 2020年4月
四刷 / 2023年1月

ＩＳＢＮ / 978-986-259-065-2
定　　價 / 380元